U0960228

示范性高等院校应用型规划教材
旅游与酒店管理专业

国际邮轮服务与管理

主　编：倪望清　胡志国
副主编：陶仕娟　曹菊枝　程丛喜

天津大学出版社
TIANJIN UNIVERSITY PRESS

图书在版编目(CIP)数据

国际邮轮服务与管理 /倪望清,胡志国主编.— 天津:
天津大学出版社，2014.1（2020.8重印）
示范性高等院校应用型规划教材，旅游与酒店管理专业
ISBN 978-7-5618-4922-4

Ⅰ.①国… Ⅱ.①倪… ②胡… Ⅲ.①旅游船－经济管理－
高等学校－教材 Ⅳ.①H590.7

中国版本图书馆 CIP 数据核字(2014)第004791号

出版发行	天津大学出版社
地　　址	天津市卫津路92号天津大学内(邮编:300072)
电　　话	发行部:022-27403647
网　　址	publish.tju.edu.cn
印　　刷	天津市蓟县宏图印务有限公司
经　　销	全国各地新华书店
开　　本	185mm×260mm
印　　张	11
字　　数	275千
版　　次	2014 年 2 月第 1 版
印　　次	2020 年 8 月第 7 次
定　　价	30.00元

丛书编委会名单

前 言
Preface

时下邮轮旅游风靡全球，这是因为它为人们提供了一个远离工作压力和紧张的生活节奏的机会。邮轮可以说是漂移在海洋上的度假胜地，因此现代旅游有从陆地游转为海上游的发展趋势。邮轮旅游市场蓬勃的生机和良好的发展前景使邮轮业得到了快速发展。世界各大邮轮公司纷纷瞄准中国，中国的邮轮公司不断涌现、邮轮母港不断兴建，中国的大专院校中有近 30 所院校开设了与邮轮相关的专业。尽管如此，邮轮业的发展也没有得到公众的广泛关注，这也体现在相关的邮轮专业教学中，几乎没有一本是我们自己编写的教材，目前邮轮相关专业的教材大都是国外教材的译本，很难满足我国大专院校教学的需要。基于此，我们编写了本书，以满足相关大专院校的教学需要，同时也填补了我国邮轮教材的一部分空白。

本书共分为八章：第一章从社会经济、历史背景的角度对邮轮业进行了完整的介绍；第二章介绍了中外主要邮轮公司的概况及邮轮市场销售、邮轮基础设施的情况；第三章讲述了世界邮轮主要旅游区分布及目的地；第四章论述了邮轮航程设计的理念与要素，介绍了世界主要邮轮航线；第五章讲述了邮轮的岗位与职责、邮轮工作现状与特点和工作纪律；第六章讲述了邮轮服务的内容与服务技巧；第七章讲述了海上安全管理；第八章讲述了海事法规。

为了编写本书，编者曾经在扬子江游轮有限公司的“总统”2 号挂职锻炼近一个月，在重庆新世纪游轮公司的“世纪辉煌”号进行了体验，在上海旅游局培训中心及上海邮轮人才基地郭训经理安排下考察体验了歌诗达的“维多利亚”号与皇家加勒比的“海洋航行者”号，积累了大量写作素材和工作经验。另外，本书的出版得到了天津大学出版社的鼎力支持，在此一并表示诚挚的谢意。

限于编者水平，本书难免存在不足和有待商榷之处，敬请读者朋友批评指正！

编　者

2013 年 7 月

前言

目　录
Contents

第一章 现代邮轮概述

● 学习目的

1. 明确邮轮的影响因素。
2. 了解邮轮的历史。
3. 总体把握邮轮及其类型。
4. 了解邮轮市场的规模和范围。

第一节 邮轮业概述

一、邮轮业发展现状

根据权威杂志《国际邮轮》的最新资料，目前邮轮业的营业额已达到500亿美元，船上的工作人员达到了30万人，岸上也有大约4万名雇员。该行业还涉及食品供应商、工程服务商、制造商、港口代理商、交通公司、旅游公司、酒店及汽车租赁公司等。十几年来，邮轮业的市场呈现全面而持久的扩张，1997年，销售额为350万床每天，2002年增长为640万床每天，现约为860万床每天。新邮轮的建造势头持续强盛，仅2004年初，就有19艘邮轮在建造中，能满足4.8万名游客的需求。2004年邮轮游客为1 000万人次，2011年邮轮游客为2 200万人次。我国的邮轮公司主要有重庆游轮公司等，该公司目前有“世纪钻石”、“世纪宝石”等5艘游船，另有3艘在建造中，主营长江三峡观光旅游。其他城市如青岛、天津、厦门、广州也开辟了一些海上航线。目前世界最大的邮轮是隶属皇家加勒比邮轮公司的“海洋魅力”号，总吨位22.5万吨，能容纳8 000余人，其造价为12亿美元。

邮轮游客的社会地位和年龄结构等也在不断地变化，2004年在嘉年华邮轮公司的乘客中，儿童乘客达到60万人次，比10年前增加了400%；2005年，有1 110万人次搭载国际邮轮公司协会的邮轮，比2004年增加了4.6%；2006年多艘新邮轮投入使用，使邮轮载客量提高了6.9%；2010年多艘超级邮轮下水，使邮轮的载客量大幅攀升。国际邮轮公司协会预测，2015年邮轮游客量将达到2 500万人次，邮轮票价会

上升，参加邮轮旅游人群的年龄将呈现多元化特色，现有的邮轮市场细分将更加注重于提供独特的产品和服务。

二、现代国际邮轮的经营现状

1. 北美地区日臻成熟和完善

（1）北美是世界上最大的邮轮客源地，约占全球邮轮游客人数的73%。

（2）北美地区是世界邮轮产业最发达的地区，拥有世界上第一大邮轮公司——嘉年华邮轮公司和世界第二大邮轮公司——皇家加勒比邮轮公司，大型国际邮轮共176艘，约占全球大型邮轮总数的85%，营业收入高达378.5亿美元。

（3）北美地区拥有最大最先进的国际邮轮母港和完善的港口设施，其中美国迈阿密被称为“世界邮轮之都”。

（4）北美地区拥有世界最大的邮轮旅游区——加勒比海和最经典的邮轮航线。

知识链接

迈阿密的邮轮客运枢纽站

美国迈阿密邮轮客运枢纽站（Miami Cruise Port）拥有世界上最先进的管理设施系统，能够同时为8 400名游客出行提供服务；还拥有许多相关设施，如舒适的休息大厅、多个商务会议大厅、全封闭并加装中央空调的游客上船通道以及完善的订票系统、安全系统、登轮查验系统和行李管理操作系统等；拥有能够容纳733辆汽车的车库，先进的信息化服务能够高效率指挥码头内部的交通，为游客出行提供近乎完美的服务。

迈阿密邮轮码头

迈阿密邮轮客运枢纽站的业务流程设置相当规范，对商店、游客、行李和船舶均予以独立管理，第三层楼正好与船体位于同一高度，便于游客上下船。迈阿密邮轮码头位于市中心海滩的黄金地段，距机场仅15分钟车程，离市中心最近的大型购物中心、宾馆、餐饮区仅几分钟车程。

此外，迈阿密邮轮母港处处体现顾客至上的服务理念。一是服务项目完备，如私人汽车看管、汽车出租、搬运车预约、公共汽车查询、自动银行和问询处等均有提供。二、是服务力求便捷，邮轮游客只需买票、验票、候船、登船，行李则由码头的行李处理设备送到各自的座位。同样，行李处理系统也会在邮轮游客回到目的港以后将其行李送到指定的位置，甚至可以直接传到飞机上或入住酒店。三是服务形式多种多样。迈阿密邮轮母港拥有天然的海滨浴场，环境舒适宜人，且距邮轮出入口仅10分钟路程。

迈阿密风光

迈阿密拥有12个超级邮轮码头大厦，可同时停泊20艘邮轮。世界三大邮轮公司——嘉年华邮轮公司、皇家加勒比邮轮公司、丽星邮轮公司均在迈阿密设立了总部或分支机构，该市自20世纪90年代起就与邮轮公司合作建设新码头。2000年，迈阿密从邮轮本身及游客各项消费上，获得了高达80亿美元的经济收益，同时为34.5万人创造了就业机会。

2. 欧洲邮轮产业快速增长

欧洲是邮轮的发祥地，经过两次世界大战以及伴随着喷气式飞机的出现，从20世纪80年代开始欧洲邮轮产业全面衰落，邮轮公司多被美国邮轮公司收购。进入21世纪后，欧洲邮轮产业却异军突起，对欧洲经济持续发展做出了重大贡献。

（1）欧洲经济的增长，为邮轮旅游带来客源，使得邮轮旅游的人数快速增长。2010年邮轮业为欧洲地区带来了145亿欧元的直接经济贡献及352亿欧元的总体经济影响。

2001—2010年北美和欧洲邮轮市场增长率比较

年　份	北美市场增长率（%）	欧洲市场增长率（%）
2001	1	7
2002	13	7
2003	7	26
2004	11	6
2005	9	10
2006	4	9
2007	3	16
2008	-2	10
2009	1	12
2010	6	10

（2）欧洲拥有世界第二、第三大邮轮旅游目的地——地中海和波罗的海，其航线可辐射非洲和亚洲。

（3）欧洲拥有世界上最豪华的邮轮船队——银海邮轮、歌诗达邮轮。2010 年欧洲的地中海和北欧分别投入邮轮 162 艘和 100 艘，非欧洲本土（北美邮轮）邮轮仅 25 艘，游客总量达 550 万人次。

（4）欧洲各国的历史悠久，沿海拥有众多的历史文化名城，吸引了大量邮轮游客。

欧洲名城一览表

国　　家	城　　市
土耳其	伊斯坦布尔
希腊	雅典
意大利	威尼斯、那不勒斯、罗马
法国	马赛、巴黎
西班牙	巴塞罗那
英国	伦敦、南开普敦
德国	基尔
爱沙尼亚	塔林
克罗地亚	杜布罗夫尼克
马耳他	瓦莱塔
俄罗斯	圣彼得堡
芬兰	赫尔辛基
丹麦	哥本哈根
挪威	奥斯陆
瑞典	斯德哥尔摩

威尼斯

瓦莱塔

3．亚太地区邮轮产业蓬勃兴起

（1）亚洲经济的高速增长，造就了大量的中产阶级，为邮轮业提供了大量潜在客源。国际邮轮公司纷纷把目光瞄准亚太市场，2010 年到访中国的国际邮轮近 400 航次，接待出入境游客 60 万人次。仅澳大利亚和新西兰两地 2010 年邮轮游客就达 550 万人次，成为亚太地区邮轮游客数量增长最快的地区。

（2）国际邮轮纷纷来亚太地区经营。丽星邮轮公司把总部迁至新加坡，开展东南亚邮轮旅游。嘉年华邮轮公司、皇家加勒比邮轮公司、银海邮轮公司也派出邮轮来到亚洲，先后有歌诗达“经典”号、“维多利亚”号，皇家加勒比“海洋神话”号、“海洋航行者”号，丽星“宝瓶星”号，银海“银影”号等邮轮来到中国，并以中国著名港口为基地，年运送中国游客近 100 万人次。

（3）亚洲国际邮轮公司相继成立。中国新成立的邮轮公司有中国邮轮有限公司、厦门环球邮轮有限公司、香港首龙国际有限公司、台湾宝岛之星邮轮公司等，日本有 NYK 邮轮、商船三井、豪斯登堡邮轮公司，澳大利亚有 P&O 等。

（4）为适应邮轮旅游需要，亚太地区建立了众多的大型邮轮母港，并把邮轮业作为各国经济新的增长点。仅中国就先后兴建了天津东疆邮轮母港、上海吴淞口国际邮轮母港、舟山国际邮轮码头、厦门国际邮轮母港、深圳太平湾国际邮轮母港等。

上海吴淞口国际邮轮母港

厦门国际邮轮母港

知识链接

为什么选择邮轮旅游

邮轮起源于 20 世纪初，当时是作为运送跨洲邮件的交通工具，因此称作“邮轮”。远洋航行很单调，水手们为了打发漫长的航行时间，在船上建起了简易的酒吧，随着经济的高速发展，最初朴素的邮轮越发奢华，它的辉煌因“泰坦尼克”号的出现而达到了顶峰。后来随着喷气式飞机的出现，这种跨海洋型的带有交通工具性质的邮轮渐衰。现在我们选择邮轮，是因为它本身就是我们的目的地，豪华的娱乐设备成了游客选择邮轮作为交通工具的主要原因，上岸只是为了观光旅游。

邮轮的前身是远洋客轮，在飞机没有出现的年代，人们要想跨越大海，便只能选择远洋客轮。一旦上船便至少要待几周或数月，那时，客轮只是运输旅客的交通工具。

1952年6月，飞越大西洋的飞机投入商业领域，从此正式成为民用交通工具，此后追求时间和效益的旅客纷纷转坐飞机，既然几小时便能完成的旅程，谁还愿意花上数月呢？这导致跨海客轮生意日渐惨淡。在这种市场环境中，各客轮公司开始谋求转型，为有钱有闲的游客提供舒适的旅游服务，这就是当今的邮轮旅游的雏形。

在客轮时代，海上旅行乏味而艰辛，不说坐三等舱的平民百姓，即便是坐一等舱的有钱人，也要忍受无聊漫长的旅程和物资匮乏带来的种种不便，要知道，那时邮轮为了节省时间，不到迫不得已是不会停靠补给的，浓雾天气甚至海盗等潜藏的危险也时常降临。

今天，这些都成了历史，邮轮不再只是运输工具，也不会深入大海中央，只沿着港口城市航行，这样也避免了风浪等危险。同时由于几乎所到港口都要停靠，保证了物资的充足，加上停靠港口都是旅游胜地，游客可上岸玩乐观光，增添了旅途的情趣。更重要的是今日的邮轮早已成为海上的豪华酒店或者海上浮动的城市，连昔日的“泰坦尼克”号都望尘莫及。高档的设施、丰富的娱乐项目、优质的服务，加上各邮轮公司精心开发的魅力航线，让邮轮旅游成为如今最有诱惑力的旅行方式之一。

为什么选择邮轮旅行呢？理由很简单，邮轮上的假期集合了乘坐邮轮漂于海上的兴奋以及身处度假村的舒适，超值的享受包括了膳食、娱乐及住宿，最关键的是免去了路上的交通费，大大节省了整个旅程的花费。除了价格优势，邮轮旅行最大的特色在于其悠闲浪漫、自由性强。在船上，游客可以尽情吃喝，享受碧海蓝天带来的悠闲时光，上岸后还有不同的旅游行程，只要游客愿意，每分每秒都可以过得多姿多彩。

邮轮还消除了游客不熟悉目的地地形的忧虑，这和普通的旅游截然不同。一艘舒适的船可以带你到任何地方，不用担心离下一站多远，品尝美食、购物、清风微拂下小睡，都是打发两个目的地之间行程的好办法。只要玩，无须烦恼。邮轮的悠游会让人在不知不觉中便达到“不知今夕是何年”的状态，先天的优势，势必让邮轮假期更受人们青睐。

邮轮度假是目前最轻松、最自由、最休闲的度假方式之一，游客省去了舟车之劳顿，不用天天换宾馆，提着沉重的行李到处跑。这种既可畅游大海，轻松地欣赏各地风光，又可尽情享受邮轮上提供的各项设施的旅程，被称为“养尊处优”的贵族之旅。

第二节　邮轮的发展史

一、邮轮的产生（1801—1881）

邮轮产生于1801年，不过当时它只是主要靠风力驱动、速度非常慢的帆船。水手们为了度过漫长的航行时间，在船上建起了简易的酒吧，用以打发时间，并发明了一些简单的健身器材，以供娱乐，这就是邮轮的雏形。随着工业革命的发展，以蒸汽为动力的邮轮取代了帆船，主要是运送邮件，顺便载人载货，也开展短距离的旅游项目。

帆船

二、邮轮的兴起（1918—1912）

这一时期涌现出了一批著名的邮轮公司，如丘纳德邮轮公司、白星邮轮公司、劳埃德邮轮公司等。各家邮轮公司都有各自的特色和经营方向：丘纳德注重速度，白星重视内部的装饰和乘船的舒适感，法兰西航运则给人以现代化的感觉等。

三、邮轮发展的间歇期（1913—1949）

在“泰坦尼克”号沉没之后，邮轮行业的荣光似乎走到了尽头。在两次世界大战期间，邮轮大多被国家征用，改装成运兵船和炮舰。在一战中，“泰坦尼克”号的两艘姊妹船也一度被征用，其中的“奥林匹克”号被英国皇家海军征用，在甲板上安装了火炮。1918 年 5 月 12 日，“奥林匹克”号在返回南开普敦的途中发现了德国的“U-103”号潜艇，开炮攻击未果后，果断撞击敌潜艇，成为世界上唯一一艘击沉了潜艇的邮轮。二战中，“玛丽皇后”号、“维多利亚女王”号等邮轮纷纷被美军征用，成为运兵船，从美国本土向欧洲战场运送了大批军人，为二战的胜利做出了巨大贡献。

被改造成战舰的“奥林匹克”号

四、邮轮的衰落时期（1950—1985）

1952 年英国海外航空公司使用了“彗星”号飞机，投入了跨大西洋航线，客运航班迅速抢夺了邮轮客源，几乎所有的邮轮公司开始出现巨额的亏损，一些邮轮班次竟然出现了船员多过乘客的现象。于是乎，邮轮行业出现了空前衰落的局面，随着 1985 年法国“法兰西”号邮轮退出大西洋航线，曾辉煌一时的邮轮退出了历史舞台，标志着一个伟大的航海时代的结束。

五、邮轮的转型兼并期（1985—2004）

在经历了衰落的阵痛后，邮轮公司积极谋求转型，抓住了空前的发展机遇。

20 世纪八九十年代美国经济高速发展，造就了大量的中产阶级和富豪，这些有一定经济基础的中产阶级和富豪喜欢舒适休闲的旅游方式，从而选择享受邮轮的奢华与尊贵。

美国人钟情邮轮是因为早期移民中有近三分之一是乘坐邮轮从欧洲移民到美国的，因此他们对邮轮情有独钟。

由此邮轮完成了华丽的转型，并在北美快速发展起来，成为世界邮轮的主要市场和现代邮轮的发祥地。20 世纪 70 年代，世界最大的邮轮公司嘉年华邮轮公司和第二大邮轮公司皇家加勒比邮轮公司相继成立。嘉年华邮轮公司先后收购了丘纳德邮轮、歌诗达邮轮、公主邮轮、冠达邮轮、世鹏邮轮、风之颂邮轮、半岛东方邮轮等邮轮公司，成为了“世界邮轮之王”，皇家加勒比邮轮公司则先后兼并了名人邮轮、精致邮轮、路易斯邮轮，丽星邮轮公司兼并了挪威邮轮、克罗斯特邮轮，成为世界第三大邮轮公司。从此邮轮业进入了一个崭新的时代，成为世界经济增长幅度最大的产业之一。

六、邮轮的繁荣期（2005 年至今）

现在世界邮轮旅游得到了高度发展，大型邮轮达 126 艘，中小型邮轮的数量达 400 多艘，2011 年运送游客量达 2 200 万人次，营业纯收入近 500 亿美元。巨型邮轮不断下水，主要有“海洋自由”号、“海洋绿洲”号、“海洋魅力”号，等等，邮轮旅游展示了良好的发展前景。

邮轮发展大事记

年　份	事　件
1802	“夏洛蒂·邓达斯”号投入使用，成为第一艘蒸汽驱动的船舶
1818	载重 424 GRT 的“Savannah”号（“热带草原”号）承载 8 名乘客首次横渡大西洋，从纽约到利物浦，历时 28 天，完成黑球（Black Ball）旅行
1837	半岛蒸汽船舶公司成立，后来更名为半岛东方
1842	丘纳德建造了第一艘横渡大西洋的蒸汽船
1843	“大不列颠”号起航（3 270 GRT），这是第一艘铁锻船体、螺旋桨推动的客船
1844	P&O 邮轮公司的“SS Iberia”号（“伊比利亚”号）从伦敦航行到维哥、马耳他、伊斯坦布尔和亚历山大
1858	顾客花钱登上了“CeyLon”号（P&O），这次航行被认为是第一次邮轮旅游
1867	作家马克·吐温在他的小说里描绘了求生 P&O 公司的邮轮从伦敦列里海的航行——“纯洁的航行”
1881	“CeyLon”号重新装修，成为一艘专门的客船
1910	白星邮轮公司“奥林匹克”号（46 329 GRT）起航
1911	“维多利亚·路马斯”号成为第一艘专门为邮轮旅游而建的船舶
1912	丘纳德公司的“Laconie”号和“Frunconia”号起航，它们是为特定航线定制的邮轮，1912 年 4 月 12 日，“泰坦尼克”号撞冰山沉没

续表

年　份	事　件
1920—1933	来自美国口岸的“Booze Conises”号允许乘客在到达古巴、巴哈马、百慕大等港口时喝酒和赌博
1922	丘纳德公司的“Laconia”号起航，这是当时最令人印象深刻的邮轮，第一次使用涡轮电力，第一次在甲板上装有泳池，这次邮轮的目的地是英国、印度
1930	联合城堡公司推出的南非度假旅行价格优势明显，三等舱 30 英镑，二等舱 60 英镑，头等舱 90 英镑
1934	豪华游轮“玛丽皇后”号起航，配有 1 174 名管理者和员工，载有 2 000 名乘客，游客员工比小于 2:1
1939	二战爆发，“玛丽皇后”号、“伊利莎白皇后”号等邮轮被征作运兵船
1958	首架横渡大西洋的商业喷气式飞机投入使用，邮轮公司生意日渐惨淡
1966	邮轮业复苏
1970	新的邮轮公司成立，大量游客选择邮轮，邮轮公司与航空公司合作，开辟空海联航旅游
1986	“风之星”号起航，这是一艘配备了计算机的邮轮，这是一次富有浪漫气息和充满现代舒适感的航行
1990	联合和全球化，引发合并收购狂潮
1999	鹰级邮轮如“航海家”号、“大公主”号起航，复杂程度高，规模经济效益更好。邮轮是旅游目的地的观念开始出现
2000	北美市场在 1980—2000 年间持续增长（年均 8%）
2002	皇家加勒比国际邮轮公司“探索”号起航
2002	世界 7 亿游客中有 1.03%是邮轮游客，每年有 2.4%的美国人、1.3%的英国人会参加邮轮旅游
2003	丘纳德航线的“玛丽皇后”2 号起航
2004	与 P&O 邮轮公司合并后，嘉年华邮轮集团成为最大的邮轮经营商
2006	皇家加勒比公司的“海洋自由”号首航
2009	皇家加勒比公司的“海洋绿洲”号首航
2010	皇家加勒比公司的“海洋魅力”号起航

第三节　邮轮印象

目前，世界上最大的邮轮可以容纳 5 400 名游客，最小的可容纳 100 名游客。邮轮的规模因用途不同而各异，像鹰级邮轮级别的邮轮，适用于较大数量的人群，而且能在船上提供多样化的服务；较小的邮轮更有亲切感，而且便于停靠在大邮轮不能停靠的港口。对于大邮轮来说，受船骨深度、邮轮的长度或者目的地的操作时限的限制，在有些港口无法停靠。不同类型的邮轮对一些特定的比例（员工数与游客数之比以及船舱与公共区域的大小之比）的要求不同。空间与游客之比等于总注册吨数与最大乘客量之比，据此可以确定每位乘客所占用的立体空间。最近“玛丽皇后”2号的空间与游客之比成了最高值之一，超过57（即150 000 GRT/2 620人），游客的空间与游客之比可低至28。工作人员与乘客数量之比，高级邮轮为2:1，豪华邮轮为1.5:1。

一、“风之星”号

该邮轮于1986年投入使用，其特色是综合豪华度假和航行自由，从而创造了独特的产品形象。公司将“风之星”号的理念描述为“帮助疲劳的高管、探险者以及自我标榜的逃离者实现终极离开”。它是风之星公司的三大邮轮之一，巡航于一系列目的地之间，包括小安的列斯群岛、维尔京群岛、佛罗里达群岛、巴拿马、加勒比海、欧洲及地中海。老顾客的平均年龄是51岁，新顾客的平均年龄为50岁，且年收入至少有12万美元。“风之星”的顾客被公认为是“一群年龄从20多岁到80岁之间活跃的、善于冒险且富有经验的旅行者”。一般说来“风之星”号的顾客群体为公司老板、主管、退休人员、蜜月度假者、股票经纪人、律师、企业家、艺术家、作家、医生或教育工作者。

“风之星”号邮轮通过各种材质和整体装饰，营造出豪华的气氛，船舱则较为传统。游客在“风之星”号体验的是放松、休闲，没有压力，包括一系列活动，如帆船运动、水肺潜水，邮轮上还有赌场、图书馆、小型游泳池、商店、疗养室、钢琴吧、餐厅，船舱内配有电视机、影碟机、个人保险柜、冰箱、迷你吧、国际直拨电话及淋浴用品和私人浴室。

机组人员是国际性的，船长和海乘是欧洲人，酒店的高级员工来自美国和欧洲国家，乘务员和服务员是菲律宾人和印度尼西亚人。总之，其目的是营造一个亲切、现代、豪华的环境氛围。公司强调，邮轮的规模以及配套设施和服务，使这个目标很容易实现。

二、“世界”号

海上居住世界，是一个独特的概念。“世界”号邮轮是在挪威福森造船厂建造的，其目的是持续地环游世界并成为“世界上第一艘可以全日制占有的远洋海上居所的邮轮”。“世界”号邮轮有宽敞的居住空间，配套设施齐全，还有适合家庭、朋友、生意伙伴及随从人员居住的套房，邮轮上有110套配备完整的厨房设施的私人公寓，既可私人拥有，又可租住，另外还有88间可供一般大众入住的房间。“世界”号的目标客户是具有2～3处房产，年龄在55岁左右的居家者，资料显示，这些人热爱大海，喜欢航行，极其注重保护自己的隐私权。

“世界”号的设施包括4个风格各异的餐厅、夜总会、赌场、剧院、画廊、健身中心、2个泳池、标准网球场、高尔夫球中心、可拆卸小船坞和3个急诊病房。

典型年份的航程一般包括40个国家的140个港口，该邮轮会瞄准一些盛大事件，包括一些体育盛事，如英国大奖赛、摩纳哥大奖赛、戛纳电影节等。工作人员是国际化的，他们来自世界各地，为全世界游客提供宾至如归的服务。公寓222.5万美元起价，只要个人愿意，可以在离出发前3天预订航程。该邮轮的卫生、安全、操作和建设标准在美国卫生部首次检查中获得了100分，美国海岸警卫队为其颁发了优秀证书，这为行业设立了新的标准，并得到国际上的高度赞誉。

“世界”号邮轮近期评级的成功，要归因于独特的斯堪的纳维亚的废水净化装置，即废水经漂浮系统过滤，可加工成纯净水，固体废弃物经干燥和焚化后再在陆地上进行适当的处理，使用的是船用柴油，而不是传统的柴油，从更大的范畴上实现了“以世界为家”的理念。

三、“大公主”号

“大公主”号是由公主邮轮公司经营的现代船队的一分子，它的船队每年能搭载80万名游客，旗下有“珊瑚公主”号、“黎明公主”号、“海岛公主”号、“太平洋公主”号、“富豪公主”号、“皇家公主”号、“黄金公主”号、“大公主”号、“星公主”号、“太阳公主”号、“大溪地公主”号等。

“大公主”号“个人选择的巡航旗舰”这个理念旨在授权于游客可以自己选择活动项目，从设备、设施到服务都可以随意选择。可以说，选择在“大公主”号度假意味着可以充分享受“个人定制”的服务。多样化的餐饮选择、灵活丰富的娱乐选择，从沙狐球到潜水的全套船上活动，体现了其独特的市场定位，如“负担得起的奢华”以及“大船上的选择，小船上的享受”。

“大公主”号有710个客舱带有阳台，占所有外部特等客舱的80%，套房都配备有管家服务，船上的设施包括教学中心、虚拟中心、赌场、3个餐厅、3个展示厅、5个泳池、9洞高尔夫球场、运动场和慢跑道及酒吧、鱼子酱吧以及夜总会、高出水上150英尺的观光厅。

四、“海洋村”号

“海洋村”号是P&O公司2003年投入使用的一艘相对较新的邮轮，其目标市场是35～55岁之间拥有现代生活方式的活跃群体，使他们能在度假中寻求刺激的体验，也享受着放松的机会。在“海洋村”号提供的轻松氛围中享受“放松与挑战并存”的假期时，人们不仅可以做到通常意义的放松，也能享受丰富多彩的刺激体验和宾至如归的感觉，如穿过巴巴多斯沙滩的沙漠，参加山地自行车运动，开着吉普车探索人迹罕至的安提瓜，或者在多米尼加雨林中徒步旅行。“海洋村”号打破邮轮旅行常规，让游客自己决定什么时候吃，与谁一起吃，提供各种活动的着装，并与传统娱乐说再见。

“海洋村”号夏季航行于帕尔马、马略卡，冬季航行于加勒比海的布里奇敦、巴巴多斯。从港口出发时，为满足不同目标群的需求，提供了两个行程供选择，一个行程称为“宫殿与海鲜拌饭”，另一个行程称为“糖和香料”。这些行程一般长7天，包括一整天在海上，其他六天在口岸的各地度假。

“海洋村”号的风格是非正式的，没有船长的鸡尾酒派对，没有着装的规定，无须在特定的时间吃东西，休闲和娱乐都很自由，不管是船上或岸上，客人都可以自愿决定是否参与。船上的设施包括健身房、2个游泳池、Spa中心、慢跑道、山地自行车、夜总会、电影院、马戏团和歌舞表演、名厨餐厅、儿童中心和8处酒吧。

2003年公司提供了起价499英镑的8日7晚地中海巡游和起价649英镑的8日7晚加勒比海巡游。船上共有514名员工，包括国际酒店服务人员和英国主管及经理们，员工与游客之比大于1:3。

知识链接

2000年以来建造的世界十大邮轮

一、皇家加勒比“海洋魅力”号

皇家加勒比“海洋魅力”号重225 282吨，长1 187英尺，载客量5 400人。

“海洋魅力”号真的是太长、太宽、太高了，而且还有攀岩墙、百老汇大街，你甚至都不觉得自己是在一艘船上。这艘邮轮上光工作人员就有2 384人，远远超过了2000年以前建造的邮轮。

“海洋魅力”号

二、皇家加勒比“海洋独立”号

皇家加勒比“海洋独立”号重160 000吨，长1 187英尺，载客量3 634人。

“海洋独立”号也非常大，船上到处都是水，从无所不在的游泳池到按摩浴缸，再到人造瀑布，还有供小孩子玩耍的水上乐园。

“海洋独立”号

三、挪威“史诗”号

挪威“史诗”号重 155 873 吨，长 1 081 英尺，载客量 4 100 人。

挪威“史诗”号通过纽约港口的时候，需要卸下 5 个救生艇才能进得去。船上有 20 种就餐选择，包括日式铁板烧和全天候服务的比萨，还有全部由冰制成的冰吧。

“史诗”号

四、卡纳德“玛丽皇后”2 号

卡纳德“玛丽皇后”2 号重 151 400 吨，长 1 132 英尺，载客量 2 620 人。

“玛丽皇后”2 号在 2004 年首次航行的时候是世界上最大的邮轮，有 1 310 个特等舱供人们选择。即使让大本钟躺在其中间，两边仍然会有一个足球场的空间，可想而知，这是一个多么令人惊叹的庞然大物。

“玛丽皇后”2 号

五、皇家加勒比“海洋航行者”号

皇家加勒比“海洋航行者”号重 138 000 吨，长 1 020 英尺，载客量 3 114 人。

“海洋航行者”号的长度是莱特兄弟第一架飞机长度的 13 倍。船上有电视演播室、音乐会舞台和一个微型的 9 洞高尔夫球场，这个高尔夫球场可谓是这艘船上唯一不能用“大”来形容的设施。

“海洋航行者”号

六、地中海“辉煌”号

地中海“辉煌”号重 137 936 吨，长 1 094 英尺，载客量 3 274 人。

“辉煌”号占据 180 万平方英尺的空间，如果你站在船尾向船首看，就像是站在埃菲尔铁塔向下看一样。这里的服务很周到，不像是五星级邮轮，倒像是六星级酒店。

“辉煌”号

七、嘉年华“梦想”号

嘉年华“梦想”号重 130 000 吨，长 1 004 英尺，载客量 3 646 人。

嘉年华“梦想”号真的是一个移动的娱乐公园，到处都是乐趣和游戏。即使你把两个摩天轮放在甲板两端，船上依然会有足够的空间容纳一个 264 平方英尺的电影院。

“梦想”号

八、迪士尼“梦想”号

迪士尼“梦想”号重 130 000 吨，长 1 115 英尺，载客量 2 500 人。

迪士尼“梦想”号上有各种可爱的卡通人物，有长 765 英尺的水晶鸭子，还有 3D 影院，在这里你肯定不会感到无聊。

“梦想”号

九、名人“新月”号

名人“新月”号重 122 000 吨，长 1 033 英尺，载客量 2 850 人。

名人“新月”号的 19 个甲板甚至可以完全阻挡阳光，这艘邮轮最突出的特点就是这儿有一个真正的草坪，绿色而又健康，游客可以玩草地球和槌球。

“新月”号

十、“钻石公主”号

“钻石公主”号重 116 000 吨，长 964 英尺，载客量 2 670 人。

“钻石公主”号的大小是白金汉宫的 3 倍，房间也多两倍。这个庞然大物可以吞掉五个泰姬陵。这里有下午茶餐厅和各种各样的餐厅供选择，大多数都不会额外收费，还有马丁尼酒吧和 700 多个有阳台的船舱。

“钻石公主”号

第四节　邮轮品牌与收购兼并

一、邮轮品牌

众多邮轮公司品牌如皇家加勒比邮轮、嘉年华邮轮、歌诗达邮轮、名人邮轮、公主邮轮等，都极力捍卫自己的声誉。一个品牌能囊括一个集团、一个公司的内涵，可以通过一个标志或一项设计反映一个品牌的价值。此外历史事件也为一些著名品牌增添了认同因素。

邮轮公司非常重视自身的品牌建设。通过一系列复杂的方式，乘客与“产品”式邮轮不断磨合，增强了邮轮公司提升品牌价值的机会，也增强了提升游客品牌忠诚度的机会。这个过程贯穿于邮轮体验的整个过程，从游客通过邮轮手册所获得总体印象、第一次在港口感受邮轮的规模和印象、在出发地预订邮轮，到船上活动，再到启程、登岸这种形式的体验使游客与邮轮游客与邮轮公司形成某种独特的关系。

品牌在开拓新市场、赢得回头客、提升品牌认知度、制定公司经营战略措施以及形成公司知名度、忠诚度等方面发挥着重要作用。

大公司具有资源和市场力量等方面的优势，能够承担为巩固品牌而进行大量的宣传活动；反之，小公司则可以集中于特定的细分市场，即将特定品牌特征推向目标市场。

二、收购与兼并

在过去的十几年里，邮轮业上演了一系列收购和兼并的大戏，给邮轮业的发展注入了各种机遇与不确定性。总的来说主要表现在以下几个方面。

（1）如嘉年华邮轮公司、皇家加勒比邮轮公司、歌诗达邮轮公司、挪威邮轮公司等行业大鳄掌握了更多的资源，拥有相当大的购买力。

（2）新兴邮轮的出现会产生被动效应，这种被动效应会影响传统邮轮市场和新兴的邮轮公司。

（3）谁能更好地应对市场条件的变化和不可预知事件的发生，谁就能在危机中掌握更多的发展机遇。全球化的公众意见、恐怖事件的发生以及由卫生问题引发的全球性威胁（如 2001 年“9·11”恐怖袭击事件、2003 年“非典”、2008 年经济危机）会影响游客的决策。

各大邮轮公司的兼并收购记录表

	1996 年	1997 年	1998 年	1999 年	2000 年	2002 年
嘉年华		购买歌诗达（部分）	购买丘纳德	购买西伯	购买歌诗达	合并 P&O 和公主邮轮
RCCL		与名人合并				
P&O					购买阿伊达	

续表

	1996 年	1997 年	1998 年	1999 年	2000 年	2002 年
克罗斯特	更名为挪威邮轮公司，即 NCL	购买东方	被丽星购买			
丘纳德			被嘉年华收购			
歌诗达		部分被嘉年华收购			被嘉年华收购	
Epirotiki			主体部分卖给了路易斯邮轮公司			
名人		合并 RCCL				

思考与练习

1. 第一个开展邮轮度假业务的是哪个邮轮公司？
2. 世界邮轮公司的经营状况如何？
3. 在邮轮公司中，品牌和品牌形象发挥着什么作用？

第二章 邮轮及邮轮产品的销售

● 学习目的

1. 掌握邮轮市场的基本情况。
2. 了解邮轮产品和服务。
3. 分析邮轮产品如何实现差异化。
4. 掌握如何开展邮轮业的营销。

第一节　邮轮市场及邮轮业的影响因素

一、邮轮市场现状分析

从世界地图上不难发现，地球上绝大部分是海洋，海洋约占地球表面的 71%，这为邮轮业的发展提供了广阔的空间。基于大海而利用轮船这种流动度假场地蕴含的发展机遇，邮轮为人们游览一些世界著名旅游目的地提供了便捷的方式，这正是邮轮业获得当前成功的关键。

邮轮旅游时下风靡全球，是因为它为人们提供了一个远离都市、远离现代工作和生活压力的机会。邮轮是一种自我享受的度假地，没有工作压力，没有生活琐事，仅在几天之内，就可以游览不少地方。因此旅游业有从陆上游转为海上游的发展趋势，这使得邮轮旅游市场孕育了勃勃的生机和良好的发展前景。因此 21 世纪的邮轮业具有快速增长的特征，这种增长主要体现在以下方面。

（一）传统邮轮的游客数表现出稳定（大多是钟情旅游的回头客）和增长走势

1990—2012 年全球邮轮游客统计见下表。

1990—2012 年全球邮轮游客统计表

年　份	游客数	年　份	游客数	年　份	游客数
1990 年	400 万人次	1998 年	600 万人次	2006 年	1 200 万人次
1991 年	450 万人次	1999 年	750 万人次	2007 年	1 400 万人次
1992 年	460 万人次	2000 年	850 万人次	2008 年	1 600 万人次
1993 年	500 万人次	2001 年	900 万人次	2009 年	1 800 万人次
1994 年	500 万人次	2002 年	950 万人次	2010 年	1 900 万人次
1995 年	510 万人次	2003 年	1 000 万人次	2011 年	2 000 万人次
1996 年	520 万人次	2004 年	1 100 万人次	2012 年	2 200 万人次
1997 年	540 万人次	2005 年	1 150 万人次		

1990—2015 年全球邮轮市场规模发展趋势及预测见下图。

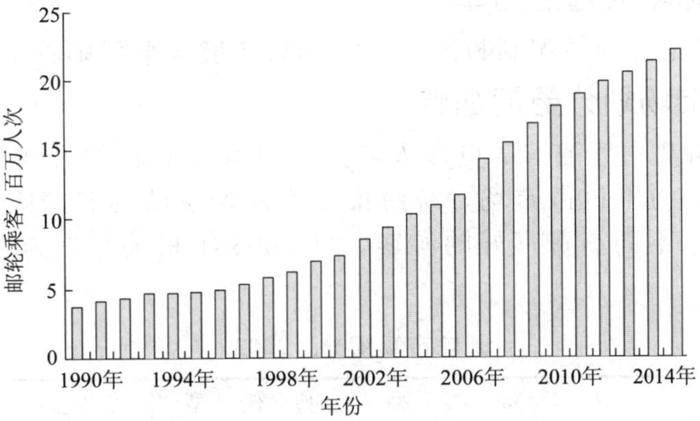

1990—2015 年全球邮轮市场规模发展趋势及预测

资料来源：Cruise Market Watch 网站，Growth of the Cruise Line Industry，2012。

以北美各大邮轮公司为例，2003 年的游客数量统计见下表，从中可以看出各大邮轮公司在公众心目中的影响力。

北美邮轮（按品牌划分）游客的统计数据（2003）

邮轮品牌	游客数量/人次	占总顾客数的百分比（%）
嘉年华邮轮	7 230 000	36.30
皇家加勒比邮轮	5 100 000	25.61
挪威邮轮	1 860 000	9.34
公主邮轮	1 560 000	7.83
名人邮轮	1 530 000	7.68
荷美邮轮	1 410 000	7.08
迪士尼邮轮	1 010 000	5.07
丘纳德航轮	130 000	0.65
歌诗达邮轮	80 000	0.40
水晶邮轮	7 000	0.03
总　计	19 917 000	100

注：以上数据四舍五入后精确到小数点后两位。

（二）亚洲地区尤其是中国市场成为邮轮产业新的增长点

随着国际邮轮市场的东移，亚洲尤其是中国市场正成为邮轮产业的新增长点，中国邮轮业终于结束了纸上谈兵，步入战场。上海、三亚、天津、蛇口、广州、北海、青岛纷纷打造了国际邮轮母港，目前已有 20 艘国际邮轮到访中国访问和在华经营，皇家加勒比、歌诗达、丽星、地中海邮轮公司相继在中国设立办事处和经营机构，进出港邮轮总数和游客人数不断攀升，2011 年我国共接待国际邮轮 156 个航次，同比增长 39.3%。

为分享邮轮经济这块巨大的蛋糕，中国沿海城市纷纷迈开了追逐的步伐，而收入是纯停靠港效益 10～14 倍的国际邮轮母港则成为竞争的战场。

目前青岛已开通了至韩国和日本的国际邮轮航线，今年以来“钻石公主”号和“欧罗巴”号等外国邮轮频频到港。

（三）新型邮轮成为主力军

邮轮公司为了适应新情况新机遇，每年约有 5 艘大型新邮轮下水。

（四）邮轮市场划分更加细致

游客类型不再集中于富豪，更多人希望通过乘坐邮轮的方式环游世界、了解世界。各大邮轮公司为了抢占市场，纷纷推出不同价位的套餐来吸引不同消费能力、有不同消费诉求、不同消费喜好的游客。以 2003 年相关数据为例，邮轮市场细分见下表。

邮轮市场细分（2003）

细分	经济型	高级型	现代型	专业型	豪华型
既占份额	5%	31%	58%	4%	2%
航行时间	不确定	7～14 天	3～7 天	7 天以上	7 天以上
船舶情况	较新较小型	新中型大型	新大型巨型	小型	中小型
邮轮公司	托马斯 皇家奥林匹克	名人 荷美 丘纳德	嘉年华 皇家加勒比 公主 海洋村 阿伊达	天鹅 希腊 东方	丘纳德 银海 拉虫 风之星
乘客人均花费（天）	80～125 美元	150～300 美元	50～100 美元	200～900 美元	300～2 000 美元
	便宜 →				昂贵

知识链接

上海—韩国（4 晚 5 日游）：3 600 元。

青岛—韩国—日本（6 晚 5 日游）：4 800 元。

上海—加勒比（9 晚 10 日游）：28 000 元。

上海—地中海（14 晚 15 日游）：53 800 元。

二、影响邮轮发展的因素

尽管邮轮旅游持续发展，但仍受诸多因素制约着，由此产生的一些负面效应，阻碍了潜在游客成为邮轮旅游者。

（一）经济因素

北美、欧洲一直是邮轮业的主要客源地，近年来欧美经济衰退，次贷危机、金融危机、美国债务危机、欧债危机导致世界经济下滑，极大地冲击了邮轮业。

（二）安全因素

尽管海上旅行非常安全，但仍有不少人仍担心安全问题。海上天气风云变幻，台风、海啸、地震等不可预知的因素较多，一些意外情况时有发生，造成一些巨大的安全隐患。2011 年 2 月，一具皇家加勒比邮轮公司职工的尸体在墨西哥著名邮轮旅游目的港可苏美尔岛近海被发现。据警方调查，该员工是因头部遭受重击致死。这一新闻，再次将挂靠港邮轮游客和船员的安全问题引入人们的视线。墨西哥邮轮旅游业的发展，一直受其城市犯罪率过高的制约。2011 年初，因为担心存在安全隐患，迪士尼邮轮、荷美邮轮以及公主邮轮取消了原本挂靠墨西哥马萨特兰的邮轮航线。

2011 年，世界范围内不仅仅是墨西哥，还有一些国家和地区因其安全问题而失去了邮轮市场。中东、北非地区的地区性政治动荡和日本大地震以及伴随的核泄漏事件造成了数百个邮轮航次的变动和调整。

在邮轮公司的经营理念当中，乘客和船员的安全是第一位的。因此，邮轮公司会着力加强挂靠港的安全检测工作，一旦发现安全隐患，将立即采取相应的措施。

三、世界原油价格疯涨

地缘政治风险是影响国际油价的主要因素之一。2011 年，一场始发于突尼斯的动荡，经过埃及大规模升级后，反政府示威抗议浪潮席卷中东、北非地区，黎巴嫩、苏丹、阿尔及利亚、利比亚、约旦、叙利亚、也门、巴林等国相继发生社会动荡。作为世界主要石油输出地的中东、北非地区的动荡局势不仅影响了石油供给，而且威胁到石油运输通道，直接导致国际油价剧烈波动。国际知名网站 Bunkerworld 提供的数据显示，2011 年全球原油价格上涨约 20%。这一疯狂的涨幅，极大地提升了航运企业的运营成本。嘉年华邮轮公司和皇家加勒比邮轮公司 2011 年的财务数据显示，燃油成本约占其运营总成本的 20%。因此，油价的飞涨对于邮轮行业同样有着严重的冲击。嘉年华邮轮公司在其年报中称，2011 年该公司的净盈利比 2010 年下降了 6 600 万美元，而油价的上涨是“罪魁祸首”。同样，其他邮轮公司也都不同程度地受到了来自油价上涨的威胁。

第二节　邮轮经营商简介

一、嘉年华邮轮集团

Carnival®

嘉年华邮轮集团

嘉年华邮轮集团成立于 1972 年，总部设在美国佛罗里达州的迈阿密。它是世界上最大的邮轮公司，拥有 28 000 名船员和 5 000 名员工，被誉为“邮轮之王”。嘉年华下属公主邮轮、荷美邮轮、歌诗达邮轮、冠达邮轮（其前身的白星邮轮拥有“泰坦尼克”号邮轮）、世朋邮轮和风之颂邮轮（子公司）等，嘉年华集团现有 29 艘 8 万～12 万吨大型豪华邮轮，这也是现今最为庞大的豪华邮轮船队，它的航行区域包括加勒比海、阿拉斯加、新英格兰、巴哈马、夏威夷、墨西哥沿岸及巴拿马运河。

嘉年华邮轮集团作为上市公司，在美国证券公司（代码 CCL）上市。船队全年在欧洲、地中海、加勒比海、巴哈马航线航行，季节性航线则有阿拉斯加、夏威夷、加拿大海域航线，它经营的船线以快乐激情为宗旨，为世界游客提供最优质的服务。

嘉年华船队的优势在于它多样化的休闲设施、豪华富有新意的装潢、宽敞的客舱。邮轮上的秀场娱乐应有尽有，让游客在船上宛如天天参加嘉年华盛会，豪华的超五星级享受、闪烁的霓虹灯、海上浮动的度假中心、无与伦比的服务，是旅游者的“天堂”。

知识链接

嘉年华旗下主要邮轮介绍

1. “自由”号：登记地巴拿马，建造于 2007 年，110 000 GRT，可载 2 974 名乘客、1 910 名工作成员。航程：东/西加勒比沿海、欧洲。

2. “勇气”号：登记地巴拿马，建造于 2004 年，110 000 GRT，可载 3 400 名乘客、1 910 名工作成员。航程：东/西加勒比。

3. “奇迹”号：登记地巴哈马，建造于 2004 年，88 500 GRT，可载 2 120 名乘客、900 名工作成员。航程：西加勒比。

4. “荣耀”号：登记地巴拿马，建造于 2002 年，110 000 GRT，可载 3 700 名乘客、1 210 名工作成员。航程：东/西加勒比。

5. “占领”号：登记地巴拿马，建造于 2002 年，110 000 GRT，可载 3 400 名乘客、1 910 名工作成员。航程：西加勒比、加尔维斯顿。

6. “传奇”号：登记地巴拿马，建造于 2002 年，86 000 GRT，可载 2 680 名乘客、930 名工作成员。航程：东/南/西加勒比。

7. “骄傲”号：登记地巴拿马，建造于 2002 年，86 000 GRT，可载 2 680 名乘客、1 029 名工作成员。航程：墨西哥里维埃拉。

8. “精神”号：登记地巴拿马，建造于 2001 年，86 000 GRT，可载 2 680 名乘客、961 名工作成员。航程：夏威夷、墨西哥里维埃拉、阿拉斯加。

9. “胜利”号：登记地巴拿马，建造于 2000 年，101 509 GRT，可载 2 758 名乘客、1 100 名工作成员。航程：东/西加勒比，东加拿大，巴哈马。

10. “凯旋”号：登记地巴拿马，建造于 1999 年，101 509 GRT，可载 2 758 名乘客、1 100 名工作成员。航程：东/西加勒比。

11. “命运”号：登记地巴拿马，建造于 1996 年，101 353 GRT，可载 2 642 名乘客、1 050 名工作成员。航程：南加勒比，黎各。

12. “销魂”号：登记地利比里亚，建造于 1991 年，70 367 GRT，可载 2 052 名乘客、920 名工作成员。航程：西加勒比。

13. “幻想”号：登记地巴拿马，建造于 1990 年，70 367 GRT，可载 2 052 名乘客、920 名工作成员。航程：巴哈马、西加勒比。

14. “想象力”号：登记地巴拿马，建造于 1995 年，70 367 GRT，可载 2 052 名乘客、920 名工作成员。航程：西加勒比。

15. “假日”号：登记地巴拿马，建造于 1985 年，46 052 GRT，可载 1 452 位乘客、660 名工作成员。航程：西加勒比。

16. “兴高采烈”号：登记地巴拿马，建造于 1998 年，70 367 GRT，可载 2 052 名乘客、920 名工作成员。航程：巴哈马、东加勒比、加尔维斯顿、迈阿密。

17. “天堂”号：登记地巴拿马，建造于 1998 年，70 367 GRT，可载 2 052 名乘客、920 名工作成员。航程：下加利福尼亚洲、墨西哥。

18. “感觉”号：登记地巴拿马，建造 1993 年，70 367 GRT，可载 2 052 名乘客、920 名工作成员。航程：巴哈马。

19. “迷恋”号：登记地巴拿马，建造于 1994 年，70 367 GRT，可载 2 052 名乘客、920 名工作成员。航程：巴哈马、西加勒比。

20. “启发”号：登记地巴拿马，建造于 1994 年，70 367 GRT，可载 2 052 名乘客、920 名工作成员。航程：西加勒比。

21. “庆祝”号：登记地利比里亚，建造于 1987 年，47 262 GRT，可载 1 486 名乘客、670 名工作成员。航程：巴哈马。

二、皇家加勒比邮轮公司

皇家加勒比邮轮公司

皇家加勒比邮轮公司是目前世界第二大邮轮公司，成立于1969年，旗下拥有皇家加勒比国际邮轮（Royal Caribbean International）、精致邮轮（Celebrity Cruises）、精钻会邮轮（Azamara Club Cruises）、普尔曼邮轮（Pullmantur）和CDF（Croisieres de France）等邮轮品牌，现共有25艘大型邮轮航行于160多个充满异国风情且引人入胜的国家和地区，行程覆盖美洲、欧洲、亚洲。皇家加勒比邮轮公司是纽约证券公司和奥斯陆证券交易所的上市公司，2006年该公司净利润超过7亿美元，公司的主要投资人是美国哈佛大学。

皇家加勒比邮轮有限公司旗下的皇家加勒比国际邮轮（Royal Caribbean International）是全球第一大游轮品牌，共有"绿洲"、"自由"、"航行者"、"灿烂"、"梦幻"、"君主"6个船系的22艘大型现代邮轮，每年提供200多条精彩纷呈的度假航线，畅游全球近300个旅游目的地，遍及加勒比海、阿拉斯加、加拿大、欧洲、中东、亚洲、澳大利亚及新西兰等70多个国家和地区。自1969年成立至今，皇家加勒比国际邮轮在全球邮轮史上留下了灿烂光辉的足迹，旗下多艘超大型邮轮凭借史无前例的吨位、大胆创新的设计屡屡打破世界邮轮纪录。2009年9月和2010年12月，皇家加勒比国际游轮旗下的第21、22艘游轮——"海洋绿洲"号（Oasis of the Seas）和"海洋魅力"号（Allure of the Seas）先后投入运营。这两艘姐妹船的排水量均为22.5万吨，是世界最大、最具创意的邮轮。"海洋绿洲"号与"海洋魅力"号将全新的"社区"理念引入邮轮，把邮轮空间划分为中央公园、百老汇欢乐城、皇家大道、游泳池和运动区、海上水疗和健身中心、娱乐世界和青少年活动区7个主题区域，以满足不同类型游客的度假需求。

2012年6月，皇家加勒比国际邮轮把旗下的"海洋航行者"号引入中国。作为全球十大邮轮之一，"海洋航行者"号进入中国后成为了中国乃至整个亚太地区最大的豪华邮轮。"海洋航行者"号排水量高达13.8万吨、拥有15层甲板，可载客3 114人。整艘邮轮犹如一座海上城堡，除舒适齐全的住宿可供选择外，各式餐厅、酒吧、精品店、图书馆、青少年活动中心、皇家娱乐场、电影放映厅、夜总会、健身房、室内外游泳池、运动场等设施也一应俱全。

三、丽星邮轮集团（云顶国际）

丽星邮轮集团是世界第三大联盟邮轮公司，连同旗下挪威邮轮共有20艘邮轮，提供32 000个标准床位，其航线遍及全球。自1993年成立以来，丽星邮轮集团获得了世界各地游客的认同，更是亚太地区的领袖船队。

丽星邮轮公司

其旗下的挪威邮轮，曾为北美邮轮业最知名的品牌，首创“自由闲逸式邮轮假期”，精心安排各种精彩元素与高级度假村的悠闲和奢华气派结合。集团总部位于迈阿密，共有邮轮 9 艘（“珠宝”号、“宝石”号、“明珠”号等），航线遍及美洲、欧洲、地中海。

丽星亚太区的总部设于新加坡港，主要邮轮有“处女星”号、“双鱼星”号、“双子星”号等，丽星邮轮于 1999 年获选为“亚洲五十大品牌”第一位及“最佳发展潜力大奖”的第二位。丽星邮轮先进的设施及完善的服务已成为亚太邮轮业的典范，其中的“处女星”号更是亚洲和世界各地邮轮旅游人士的最佳选择。

四、银海邮轮

意大利罗马 Leebvre 家族成立了一个具有创新性的公司——银海（Silver Sea），它主要为游客提供一种私人的环球航海旅行，每一艘银海邮轮都是雅致、宽敞的，其五星级酒店级别的客房给人的感觉就是温暖的家，亲切而友好。银海的成功归结以下多个因素：私人定制化、互补以及迎合客人独一无二的需求。

公司旗下拥有 4 艘豪华邮轮：“银风”号、“银影”号、“银云”号和“银啸”号，全都洋溢着欢乐、悠闲、典雅的气氛。2004 年，银海连续第 6 年被《Travel+Leisure》杂志读者选为“全球最佳”小型航运公司。最近，银海连续第 3 年荣获《Luxury Travel》颁发的“最佳邮轮公司”大奖。与此同时，银海正在进行大型发展计划，与意大利制船厂 Fincantieri 签署原则性协议，建造一艘排水量达 36 000 公吨、载客量 540 人的全新超级豪华邮轮，并可视情况再增建一艘姊妹邮轮。

银海邮轮是世界唯一一个提供六星级全套房服务的邮轮公司，主要服务于地中海、北欧、东南亚、非洲、阿拉斯加、加勒比及南美洲。

银海邮轮一贯坚持服务人员与乘客比例大于 1:1.4，从而创造出最私密奢华的旅行享受，备受豪门、皇室及明星推崇。

银海邮轮所巡游的线路独具匠心，由于属于小型邮轮，它可直接驶入大型邮轮不能直接停靠需要接驳的港口，并且可以停靠大多数大型邮轮不经过的港口，银海邮轮所经过的每一个港口城镇都各具特色，即使航行在同一区域，线路也基本不会重复，让整个旅行充满了新鲜感。

俄罗斯圣彼得堡庆祝建市 300 周年时，银海邮轮旗下的“银影”号被包下作为参与领袖峰会的布什的专用居庭，而普京等国家元首以及各国要人也曾是银海邮轮的尊贵客人。现在乘坐银海邮轮不仅成为一种奢华的时尚，更是一种身份和地位的象征。

在银海邮轮上可体验到极致的奢华，您触手可及的每一件物品都是世界顶级品牌：进门时您能看到客厅里摆放着漂亮的 POMMERY 欢迎香槟，温馨舒适的卧室大床上铺着 Frette 的床单、Bylguri 的洗浴用品；当您在优雅的餐厅用餐时，除了能品尝到世界顶级餐饮组织 Relais-Chateaux 主厨为您精心烹制的美食之外，您所使用的餐具也都是世界顶级品牌，Christofle 的银器、Schott Zwiesel 的玻璃器皿，都将为您的邮轮美食体验锦上添花，凸显您的高贵和品味。

银海系列的“银云”号邮轮在1994完成了首航，“银风”号、“银影”号、“银啸”号也相继在1995年、2000年及2001年完成了处女航。这些精致的邮轮是专门为少数的客人度身设计的，邮轮上来自意大利和欧洲其他国家的员工为客人提供了最高级别的私人化服务，同时客人也拥有更大的私密空间。银海邮轮提供大多数带有私人阳台以及露天餐台的全海景套房供客人选择。但银海邮轮更独一无二的是，它配备了人们在邮轮上能找到的所有最受欢迎的娱乐设施。作为奢华邮轮旅游的先行者，银海通过其一价全包的价格以及邮轮上由全球最知名的奢华品牌提供的无与伦比的产品服务，很快成为了现代富有旅行者的不二选择。

五、歌诗达邮轮

Costa
CRUISING ITALIAN STYLE

意大利歌诗达邮轮公司

歌诗达邮轮公司起源于1854年的意大利歌诗达（又译科斯塔）家族，有着悠久的历史，以“意大利风情”为品牌定位，是欧洲及南美洲地区最大的邮轮公司，也是全球邮轮业的翘楚——嘉年华邮轮集团旗下的全资子公司。

歌诗达邮轮无论是外观还是内部装潢，都弥漫着一股意大利的浪漫气息，尤其是在蔚蓝的欧洲海域，歌诗达邮轮以艳黄明亮色调的烟囱，搭配象征企业识别标志的英文字母C，成为欧洲海域最为耀眼的船队。之所以率先选择歌诗达邮轮品牌进入中国，是因为该品牌为嘉年华旗下12个邮轮品牌中最国际化的一个，在进入中国市场前不久歌诗达邮轮的足迹遍布了亚洲以外的几乎任何一个地区，而来到中国，可以称得上是填补了其全球版图上的最后一片空白。

2007年，歌诗达邮轮公司再次在中国市场获得肯定，获得了“最受欢迎邮轮公司”、“最佳邮轮公司”的美誉，充分证明歌诗达邮轮公司在中国市场的显赫地位。

六、地中海邮轮

MSC

地中海邮轮公司

地中海邮轮（MSC Cruises）公司的总部位于意大利那不勒斯，并在意大利其他主要城市如米兰、威尼斯、热那亚、罗马、巴勒莫、巴里，亚洲地区如日本、中国香港以及全球36个国家和地区开设办事处。其极具竞争力的现代化邮轮为游客提供了多种航线及产品选择，并可享受高水平的最具意大利特色的热情服务，被公认为最优秀的意大利邮轮公司。地中海邮轮为游客提供最佳的意大利风格邮轮假期，推出的产品于现代国际标准设施及别树一帜的特色中得到更多支持。

地中海邮轮经过近几年令人瞩目的快速发展，已经成为地中海、南非及巴西邮轮产业的领军者。地中海邮轮全年航行于地中海，并季节性航行于北欧、大西洋、加勒比海、法国安的列斯群岛、南美、西南非以及红海。地中海邮轮拥有由13艘邮轮组成的现代化船队，游客突破 140 万人次，并且预计在 2013 年将超过 150 万。地中海邮轮是一家欧洲家族企业，目前共有 15 500 员工，分别来自世界 45 个国家。

地中海邮轮的标志是把“MSC”镶嵌在指南针图案中间，代表在地中海邮轮的世界里，顾客永远是中心。指南针本身象征着公司邮轮将驶向各个方向，从而实现公司的长远目标。由于地中海邮轮独特的意大利风格，使它与其他邮轮公司存在明显区别：船上热情的招待、奢华的装饰、考究的设计、琳琅的美食，都反映出公司“意大利制造”的理念，这也是地中海邮轮的特别之处。公司于 1987 年成立并继承了当时久负盛名的邮轮公司——STARLAURO Spa。1995 年，公司更名为地中海邮轮公司。地中海邮轮非常注重每艘邮轮的风格和舒适度，或许用“舒适和随意”来形容地中海邮轮上的感觉更为准确——既有豪华酒店的舒适环境，又有在家一般的随意氛围。

地中海邮轮是第一家获得 ISO 9002/1994 和 ISO 9001：2000 双重认证的邮轮公司。其后更获得 ISO 14001 环境保护证书及法国国际检验局颁发的 OHSAS 18001（Occupational Health and Safety Assessment Series）证书，可见地中海邮轮对保护环境的承诺。

地中海邮轮从 2003 年开始，陆续投资 60 亿欧元建设现代化邮轮船队。在 2012 年 5 月，幻想曲旗舰级邮轮“神曲”号加入后，舰队规模扩充至 12 艘。三艘幻想曲旗舰级邮轮分别是“神曲”号（2012 年）、“辉煌”号（2009 年）及“幻想曲”号（2008 年）。这三艘是地中海邮轮的最大船只，排水量约为 14 万吨。“辉煌”号及“幻想曲”号均可容纳 4 363 名乘客，而“神曲”号可以容纳 4 345 名乘客。在此之下，是音乐号系列的四个成员——“华丽”号（2010 年）、“诗歌”号（2008 年）、“管乐”号（2007 年）及“音乐”号（2006 年），此级别邮轮排水量为 9 万吨，载客量 3 000 人次。抒情号系列也由四个成员构成——“序曲”号（2005 年）、“和睦”号（2004 年）、“歌剧”号（2004 年）及“抒情”号（2003 年），排水量 6 万吨，载客量 2 000 人次。最后一位成员是“旋律”号，排水量 3.5 万吨，载客量 1 000 人次。2013 年又新增幻想曲旗舰完成之作“珍爱”号，将船队继续扩充。

地中海邮轮公司作为一家国际化公司，在不断拓展业务的同时，也为环境保护领域作出了不懈努力。在海洋生态系统的保护以及乘客和船员健康安全方面获得了一系列奖项及证书。地中海邮轮是由国际认证机构法国船级社（Bureau Veritas）授予的第一家获得“金珍珠奖”环保奖项的邮轮公司，能够被授予这个独特奖项，需要达到多项船级指标，分别是先进的空气、污水、废物处理系统。

地中海邮轮以地中海传统而自豪，并以出色的服务及精湛的设计而享有盛名，船队在内外装饰设计上大胆发挥创意，获得了国际著名的 De Jorio Design 建筑设计奖。在船上，地中海邮轮提供融合地中海风味及世界各地佳肴的美食体验。地中海邮轮不断提升其高品质的奢华服务，开创性举措包括设立 MSC Aurea Spa 水疗美容中心，一个巴厘岛式按摩中心；只在三艘旗舰邮轮上提供的专属区域——MSC Yacht Club 贵宾套房，选择贵宾套房的游客能够享受到“船中船”的奢华专享设施和 24 小时私人管家的优质服务及其他特权。

知识链接

世界主要邮轮一览表

“克里斯蒂娜”号邮轮	“和谐”号邮轮	“宝瓶星”号邮轮	“挪威”号邮轮
“银海”号邮轮	“交响乐”号邮轮	“辉煌”号邮轮	“泰坦尼克”号邮轮
“风之星”号邮轮	“尚宁”号邮轮	“海皇”号邮轮	“奥林匹克”号邮轮
“伊丽莎白二世”号邮轮	“银云”号邮轮	“海上航行者”号邮轮	“不列颠尼克”号
“曼陀罗之路”号邮轮	“银风”号邮轮	“海上探测者”号邮轮	“皇帝”号邮轮
“海之梦”号邮轮	“银影”号邮轮	“海上冒险家”号邮轮	“祖国”号邮轮
“皇冠”号邮轮	“银啸”号邮轮	“海上水手”号邮轮	“歌剧”号邮轮
“玛丽王后”号邮轮	“富士丸”号国际邮轮	“海上领航员”号邮轮	“威廉大帝”号邮轮
“伊丽莎白王后”号邮轮	“欧罗巴”号邮轮	“星光公主”号邮轮	“卢西塔尼亚”号邮轮
“诺曼底”号邮轮	“钻石公主”号邮轮	“胜利”号邮轮	“毛里塔尼亚”号邮轮
“合众国”号邮轮	“爱兰歌娜”号邮轮	“光荣”号邮轮	“阿奎坦尼亚”号邮轮
“经典”号邮轮	“海洋独立”号邮轮	“征服”号邮轮	“俾斯麦”号邮轮
“玛丽女王”2号邮轮	“世界”号邮轮	“成功”号邮轮	“美国”号邮轮
“维多利亚女王”号邮轮	“浪漫”号邮轮	“法兰西”号邮轮	“伊丽莎白王后”2号邮轮
“海洋神话”号邮轮	“海洋魅力”号邮轮	“金色公主”号邮轮	“处女星”号邮轮
“海洋绿洲”号邮轮			

七、中国邮轮有限公司

中国邮轮有限公司（China Cruises Company Limited）是一家汇聚海内外海洋产业发展资本、具备可持续发展能力和广泛影响力的集团企业，它以国务院批准的《国家海洋事业发展规划纲要》为指导，紧扣沿海省市区发展海洋经济产业、建设具有中国特色的邮轮产业经济的规划和政策导向，依托亚太国际良港和中国国际航运中心优势，主要从事包括海洋经济和邮轮产业投资、参与中国沿海邮轮母港建设、运营和管理国际豪华邮轮在内的各项事业。

2011年6月，中国邮轮有限公司成功收购全球唯一双体豪华国际邮轮“亚洲之星”，10月份该邮轮正式更名为“中华之星”（China Star）。曾被誉为“海上高端会所”的“中华之星”国际邮轮由芬兰顶尖船厂建造，曾获“工程设计大奖”、“世界最佳邮轮”、“六星级海上酒店”等殊荣。“中华之星”国际邮轮长131.2米，宽32米，共12层，拥有豪华客房172间，载客量395人。

“中华之星”国际邮轮

邮轮是国际传统高端旅游行业，在中国乃至亚洲都是高速成长的新兴产业。中国邮轮有限公司陆续收购、定制、引进多艘国际豪华邮轮，打造中国自有邮轮船队，培植和引领中国邮轮旅游文化，同步带动海洋产业的大发展。

“亚洲之星”从“欧洲著名海上酒店”，到中国香港的豪华邮轮、“高端海上会所”再到2011年全新演绎的“中华之星”，其凭借特有的奢华、灵动气质，始终是国际邮轮中令人炫目的佼佼者。

作为中国邮轮有限公司第一艘国际豪华邮轮旗舰，“中华之星”将延续注重享受、亲近自然、贴近海洋、娱乐至上的海上深度休闲度假宗旨，把奢华空间从陆地延伸到海上。

除了为游客提供宽敞、舒适，私密性极强的海景房、阳台房、VIP套房服务供足不出户欣赏美丽海景外，“中华之星”国际邮轮还提供24小时娱乐服务，包括VIP会所、演艺中心、KTV、夜总会、游戏娱乐场、红酒雪茄吧、露天酒吧、港式餐厅、静心书吧、电影院、养生中心、高尔夫球练习场、慢跑道、免税店等。

中国邮轮有限公司以“中华之星”国际邮轮为首发船，以高端、特色、文化为着力点，陆续在东亚、南亚和中国东部沿海、海峡两岸开辟了多条邮轮航线，面向高端旅游市场，让追求完美的高端商务人士、崇尚自由的生活体验家，享受尊贵、奢华，体现身份和荣耀。

八、厦门环球邮轮有限公司

厦门环球邮轮公司隶属山海树集团。为落实厦门市委、市政府关于做大做强厦门邮轮母港的指示，山海树集团与知名国企—— 厦门港务控股集团有限公司强强联合，共同开发厦门国际邮轮母港，合力打造全国最有影响力的邮轮综合体，目前项目已进入实质设计阶段。

厦门国际邮轮母港项目开发在以迈阿密、中国香港、新加坡分别代表的第一、二代邮轮综合体发展的基础上创新性地提出了“第三代邮轮综合体”理念，项目东至疏港路，西至东渡港区码头，南至海湾公园北侧，北至海沧大桥南侧，占地面积约 77 万平方米，建筑面积约 160 万平方米。

项目将集成世界各邮轮母港的成功经验和世界最前沿的先进理念，发展邮轮母港综合服务、邮轮经营和租赁、船舶综合维修、邮轮从业人员培训、邮轮母港配套商业开发与经营、免税商品进口及销售、娱乐、休闲、度假、商务等产业和功能，形成以邮轮母港为主导的“邮轮母港—旅游—城市”产业集群和集成一体化发展业态，打造国内最大、世界一流的集邮轮母港综合服务、休闲、购物商业、度假、观光、居住、办公于一体的新型综合体。

九、首龙国际（香港）有限公司

首龙国际（香港）有限公司成立于 2011 年 3 月，注册于香港，国内总部设立在上海，主要从事海上旅游度假，也是国内第一家从事国际海上旅游的专业邮轮公司。公司将上海作为母港，也是继皇家加勒比、地中海之后以上海为母港的第三家邮轮公司。旗下“东方神龙”号总吨数达 1.8 万吨，有客房 250 多间（套），设有桑拿室、娱乐室等休闲娱乐设施，是国内第一艘从事国际海上旅游的邮轮。

“东方神龙”号

知识链接

“宝岛之星”

台湾自有的第一艘邮轮“宝岛之星”号，是由欧洲引进，集合各领域专业精英，将邮轮内部依照国人喜好重新设计改造的一艘媲美五星级饭店的豪华海上皇宫。

“宝岛之星”长 194 公尺，宽 24 公尺，高 9 层，排水量 23 000 万吨。为了提供更宽敞、舒适的空间以及更细腻、精致的服务，营运团队对船体进行了大幅改造，减少客仓数量，每航程只服务800位最尊荣的亚太贵宾。

邮轮上汇集了各国风味的美食餐厅、豪华富丽的夜总会、KTV，让人通体舒畅的养生会馆、多样品位的酒吧、乐趣无限的娱乐厅以及独具风格的天幕咖啡屋，让游客经历璀璨缤纷却又轻松惬意的享受之旅。

“宝岛之星”每次起航，都是海上最明亮的一颗星。

总统套房 A

餐厅

总统套房 B

夜总会

十、扬子江游船有限公司

武汉扬子江游船有限公司是最早经营长江三峡游船的专业化大型游船公司。公司目前拥有五艘“总统”系列品牌豪华游船。

“总统系列”游船是目前航行于中国长江三峡中最重信誉、最具竞争实力的大型豪华游船船队，所属“总统”旗舰号、“总统”一号、“总统”二号、“总统”三号、“总统”六号，全部通过权威机构—— 中国船级社认证和国家颁发的船舶安全认证（SMS）证书，并被国家旅游局正式授牌确认为星级豪华游船。2013 年，按照国际内河游轮最高标准打造的“总统”七号、“总统”八号超五星豪华游船将隆重下水，届时将揭开长江豪华游船旅行的新篇章。

长期以来，公司一直致力于开发长江三峡旅游资源，推动并发展长江三峡涉外游船行业。随着长江三峡游船逐渐向更豪华、更舒适的海上大型邮轮的趋势发展，公司目前正在倾力打造世界内河航运史上单船最大、最豪华的超五星级豪华游船“总统”七号和“总统”八号，以满足游客对乘坐长江三峡旅游船豪华舒适性的需求。

“总统”系列游船曾先后接待过外国国家领导人和政府要员，举办过国内外高峰论坛年会、展会等，接待了大批次海内外游客，总计 30 万人次以上。“总统”系列游船凭借其强大实力及其优质服务树立了良好的口碑和赞誉，始终位于行业前列。

公司强化质量意识，创新服务品牌，形成了适应旅游市场的运营机制。公司现有员工 600 余人，均拥有丰富的专业经验，并具备良好的专业素质，精通英、日、韩、德、法等多种语言，能够为各国旅游者提供规范、高效、细致、热情的服务。与此同时，“总统”系列游船每年都投入资金对各条游船进行全面的装修改造，为游客提供更好、更全面的服务和享受。

中国国旅集团武汉扬子江有限公司旗下“总统”旗舰号全长 135.2 米，宽 19.6 米，上下 6 层，有 187 套客房、374 个床位，面对国内外高端旅游旅游群体，采用了先进的垃圾处理设备和动力污染处理设备，能满足保护母亲河的要求。

扬子江游船

扬子江游船的客房

扬子江游船的餐厅

扬子江游船内部

扬子江游船内部

十一、重庆新世纪游轮股份有限公司

重庆新世纪游轮股份有限公司始创于 2002 年，是经交通部批准的专业从事长江涉外旅游运输的豪华游船公司，主要经营方式是组织欧美游客、亚洲游客、国内游客到重庆、长江三峡乘坐豪华游船旅游、观光。公司已拥有长江新一代世纪系列“世纪之星”号、“世纪天子”号、“世纪辉煌”号、“世纪钻石”号及“世纪宝石”号 5 艘超五星级涉外豪华游船。2003 年至今，

新世纪遊輪
New Century Cruises

新世纪游轮股份有限公司

公司已初步实现市场全球化经营模式，在欧洲、亚洲以及美国和我国国内各省、市旅游市场建立了直销网络体系，每年组织数万游客乘坐豪华游船游览长江三峡，游览观光重庆，在重庆、长江三峡内河豪华游船行业一直保持领先地位。公司已于 2012 年上市，是我国唯一的上市游船公司。

公司从事的内河涉外豪华游轮运营业务是集星级酒店管理、观光旅游、轮船运输为一体的复合型旅游业务，是以长江沿岸名胜景观、景点、城市等自然人文环境为依托，以休闲、观光旅游、餐饮、住宿、购物等为服务方式，以国际同行业高端专业品质为标准，向国际、国内游客提供的旅游综合服务业务。

公司致力于高端休闲旅游业务的拓展，目前共拥有 5 艘大型游船，全部为五星级标准的豪华游船，主要开通了重庆至宜昌、重庆至武汉、重庆至南京、重庆至上海等航线，航线覆盖长江中下游。经过十多年的积累，在游船硬件设施、服务管理、市场占有率、载客率和单船年载客数等方面均居行业领先地位。公司是重庆市航运商会成员、2007 年水上交通安全生产单位，同时是长江流域唯一一家获得长江海事局“安全诚信船舶”评定的客运公司。

公司内河涉外豪华游船运营业务定位于“高端休闲度假旅游”，志在打造独特的产品内涵和品牌形象，并获得了显著的定位优势。对于作为产品载体的游船，公司在设立之初就摒弃了低端的普通游船和中端的三星、四星涉外游船定位，以“产品优质领先”为理念，以“休闲舒适”为目标，充分吸取国际海洋邮轮和欧洲内河游船的先进理念和人性化设计，推动建造了长江新一代的五星级豪华游船，成为长江流域唯一一家所有游船全部为新一代五星级标准豪华游船的游船运营公司，使公司产品在硬件的设计、工艺、功能、外观豪华度上具备领先优势。同时，公司产品坚持国际标准管理和服务品质，通过标准化、国际化、人性化的管理与服务，使游客充分体验到乘坐“移动的五星级宾馆”观光的休闲与放松。

公司所在行业属于资金密集型、管理密集型行业，公司通过与世界著名的游轮运营、管理和销售公司瑞士维京邮轮公司建立长期稳固的战略伙伴关系，消化吸收了瑞士维京公司关于内河游船的先进管理经验、国际海洋游轮管理经验和瑞士酒店管理经验，并结合中国国情进行了融会贯通，打造了中西结合的优质运营管理体系和酒店服务管理体系，形成了自身强有力的竞争优势，并迅速发展成为国内最具活力的内河游船运营公司。公司先后于 2003 年、2005 年建立并实施了达到国际标准的安全运营管理体系（SMS）和酒店服务管理体系。

随着管理质量、服务品质达到国际公认标准，2007 年起公司与世界另一知名内河游船旅游公司德国尼科公司建立了长期稳固的销售合作关系，这也使公司在世界邮轮高端市场的份额稳步增长。目前新世纪游轮公司是长江上所有邮轮均设有外籍酒店经理以全面保障国际标准管理和服务品质的少数公司之一。

公司凭借高品质的运营管理，成为长江流域唯一一家获得长江海事局“安全诚信公司”评定的客运公司。同时，公司所属全部船舶除“世纪钻石”号和“世纪宝石”号运营未满 3 年不能参加评定外，其余运营 3 年以上的船舶均获得了“安全诚信船舶”的称号。

公司会聚了一批充满活力、踏实肯干的技术人才和一批高效务实、敢于创新的管理人才。公司创始人彭建虎先生拥有超过 26 年的行业经验，其带领的管理团队全部为拥有 15 年以上行业经验的行业专家，对世界邮轮行业发展、国内旅游市场有深刻的理解和掌控能力。公司在广泛吸取国内外先进管理经验的基础上逐步摸索，已形成了一套具有独特理念和自身风格的管理模式。

公司在多年的全球化专业经营过程中，凝聚和培养了一批熟悉酒店管理、旅游业、邮轮运营的复合型高端专业人才，并吸引、培养了一支业务熟练、经验丰富，精通英语、法语、德语、日语、韩语、俄语等语种的业务人才团队，为公司实现规模化、专业化的可持续发展储备了人才。

“世纪之星”号

大多数长江内河旅游公司目前尚未将专业化的销售作为邮轮运营价值增加的重要环节，公司已敏锐地意识到了进行专业化销售的附加价值，并针对不同细分市场的特征采取了不同的专业化销售。公司创始之初即与具有丰富营销经验、广泛客源的瑞士维京邮轮公司合作，解决了对欧美这种专业化分工较强市场的切入和销售问题；针对国内邮轮旅游客户，则利用了传统和最为便捷的旅行社代理模式；针对日本及东南亚各国则采取了自建销售网络的模式。未来，随着公司业务的不断扩大和全球市场的准确定位，公司将采取实时营销、在线销售等方式，更为便捷地组织和管理全球销售情况。

公司全资子公司新世纪国际旅行社成立于 1999 年，主要经营范围是：组织境外、国外旅游者来重庆、长江三峡旅游、观光；组织中国公民出国、出境旅游或商务考察，每年组织数万游客出国、出境或跨省旅游；多次荣获“全国百强国际旅行社”、“重庆五强国际旅行社”等殊荣，近年来每年组织接待国内外游客均在 5 万人次以上。2007 年公司将其收购为全资子公司，成为行业内少数拥有并经营全国百强旅行社的大型游轮运营公司之一。

旅行社和游轮公司的紧密结合具有以下优势：一是顾客导向的优势，公司凭借旅行社的经营与客户建立了广泛的直接联系，从而提供更有针对性的邮轮服务；二是丰富的客户资源优势，凭借旅行社十几年的经营，掌握了 5 万余国内外旅行商的详细信息和近 30 万国内外中高端客户的信息，为公司建立了一个庞大稳固的客户基础；三是产品扩展优势，公司定位于“高端休闲度假旅游”，除传统的组织国内外游客到长江旅游外，公司还依托旅行社组织中国公民到世界其他内河旅游，全面开发出境的高端休闲度假旅游市场，拓展公司的经营空间。

十二、重庆长江黄金游轮有限公司

重庆长江黄金游轮有限公司是在重庆市市委、市政府加快推动长江三峡旅游发展，全力提升重庆旅游国际影响力和竞争力的大背景下，按照市政府“把打造五星级游船作为重庆旅游产业来发展，作为重庆特色旅游产品来打造，作为重庆旅游目的地来培育”的战略定位，由重庆旅游投资集团于 2010 年 3 月 3 日正式投资组建的国有独资企业，主要负责对长江邮轮进行投资建设和经营管理。

公司按照“高端定位、市场运作、分批建造、错位经营”的总体思路，计划 3 年内投资建造“长江黄金”系列游船，致力于长江三峡旅游品质的提升和高端客源市场的开发。“长江黄金”系列游船设计长度 136～149.98 米，型宽 19.6～24 米，总吨位 1.2 万～1.5 万吨，载客量 350～570 人，拟开辟重庆至宜昌、武汉、南京、上海等地航线。

公司始终坚持用心塑造、用心服务，彰显卓越、勇于超越的企业文化；坚持将游船作为旅游目的地来打造；坚持提升品质，把细节做到极致；坚持以市场为导向，打造一支高素质、高效率的人才队伍；坚持品牌营销、精细管理，树立长江游轮行业标杆。

作为长江第五代五星级游船的旗舰，“长江黄金”系列游船不仅面向欧美高端客户开放，而且也满足了国内高端客户的需求。每艘游船都是一条流动的水上风景线，也是一座移动的水上宫殿，更是一座美丽的旅行城市。

“长江黄金”系列游船是根据国家旅游局 2008 年发布的《内河游船星级的划分与评定标准》来设计和建造的，并参照国际海洋邮轮、五星级酒店及各种高档娱乐会所的功能设施，博采众家之长，汲取长江原有游船的设计经验，从船长、型宽、面积到客房设置、餐饮配套、商业购物、休闲娱乐等全面提档升级。直升机停机坪、大型双层影剧院兼同声传译会议厅都是“长江黄金”系列游船的首创。第二批游船还增设有模拟驾驶室、儿童乐园、高尔夫练习场、环形赛车道、台球室等娱乐设施。此外，“长江黄金”1 号还设有“中福在线”等福彩娱乐项目。

“长江黄金”系列游船将带领中外嘉宾穿越世界上最壮美的大峡谷，去触摸大自然绚丽的风光和多姿的风情，将今日长江旅游和三峡旅游带入一个奇丽的境界，续写新的历史与神话。

知识链接

美国维多利亚系列豪华游船

美国维多利亚系列游船是长江上最知名的游船系列，房间全部为超大观景房，并附有独立阳台，可以说是水上漂浮的豪华五星级酒店。因多次接待过党和国家领导人以及其他国家的政经要人，被业界誉为“国宾船队”。

美国维多利亚系列游船是唯一运行于重庆、长江三峡、宜昌、武汉至上海的五星级游船，引入美式管理，由美国维多利亚游船集团公司提供美式管理和服务，游船上

安排了专业双语船陪服务员，当游船经过瞿塘峡、巫峡、西陵峡等景点时，船陪将在甲板上用双语为游客提供讲解。

美国维多利亚系列游船特聘享誉中外的美国名厨沃尔特·斯泰传授崭新膳食理念并亲拟配餐菜品。乘客将能享用由新鲜、高品质的原料精制的各类美味佳肴，而且融汇西方菜肴特色于其中。在船上的皇朝餐厅，乘客可单座就餐，四周观景大窗将长江奇景尽收眼底，美不胜收。早、中餐提供丰盛的中西自助餐，酒吧为早起的乘客提供咖啡和茶，下午，同船游客又可以享用午茶点心，畅谈一天的所见所闻，晚上游船提供典雅中式宴会餐。每个航次，开始和结束都有船长亲自主持的晚宴，游客可在欢迎鸡尾酒会上品尝各类中西冷碟，在欢送晚会上同旅游伙伴热闹道别。

维多利亚系列游船为游客提供优质且专业的服务，所有的服务人员都擅长用中文普通话和英语交流，让沟通无障碍。维多利亚船上的商务中心、阅览室、会议室、健身房、礼品部及美容沙龙中心等设施，让游客感受出行的便捷和自在。维多利亚系列游船的多元化活动包括长江讲座、书法讲座及太极拳教学，深受国际友人的喜爱，船上还开展丰富多样的娱乐活动，如欢迎香槟酒会、民俗服装表演晚会及船长欢送宴会等，都让游客感受到温馨与舒适。所有维多利亚游船都装有国际卫星移动通信电话，HBO、BBC 电视观赏频道，让游客时时与世界同步，出行与商务两不误。

美国维多利亚“凯蒂”号游船是美国维多利亚游船舰队中最新一代豪华游船，于 2004 年首航，是维多利亚公司超五星级豪华游船，同维多利亚“凯娜”号为“姊妹船”。在长江三峡旅途中，维多利亚游船服务将给游客留下最美好、最深刻的印象，它们是维多利亚高品质产品中不可或缺的部分。其星级皆已超过五星级标准，成为长江三峡豪华游船中的佼佼者。

维多利亚“凯娜”号游船于 1994 年首航，2004 整体重新装修，是维多利亚公司超五星级豪华旗舰游船，也是唯一运行于重庆、长江三峡、武汉至上海的五星级游船。游客在尽览长江古意盎然的风光之余，也能充分享受水上旅游的乐趣。船上的娱乐活动丰富多彩，有卡拉 OK、太极拳教学、篆刻书法观摩、民俗文化演出，附设娱乐室提供麻将、象棋、围棋、健身房、专业按摩、卫星通信、电视、电影系统，各式娱乐项目应有尽有。

知识链接

长江主要游船公司及游船

【美国维多利亚系列】

- 维多利亚“凯娜”号
- 维多利亚“凯珍”号
- 维多利亚“凯蒂”号
- 维多利亚“凯琳”号
- 维多利亚“凯莎”号
- 维多利亚“凯蕾”号
- 维多利亚“凯娅”号

【长江黄金系列】

- 长江“黄金”1号
- 长江“黄金”2号
- 长江“黄金”3号
- 长江“黄金”5号

【长江海外】

- 维多利亚1号
- 维多利亚2号
- 维多利亚3号
- 维多利亚5号
- 维多利亚7号
- 长江“公主”号
- 长江“明珠”号
- 长江贰号
- 长江壹号

【新世纪系列】

- 世纪“钻石”号
- 世纪“之星”号
- 世纪“天子”号
- 世纪“辉煌”号
- 世纪“宝石”号

President Cruises

【总统系列】

- 总统“旗舰”号
- 总统一号
- 总统二号（“黄鹤”号）
- 总统三号（“锦绣中华”号）
- 总统四号（“扬子江”号）
- 总统五号（“贡嘎山”号）
- 总统六号（“扬子江乐园”号）
- 总统七号（“昭君”号）
- 总统八号（“茜茜公主”号）

EAST KING
Orient Royal Cruises

【东方皇家】

- 长江“探索”号
- 东方“皇帝”号

第三节　旅行代理商与营销联盟

旅行代理商是通过销售旅游产品赚取佣金的。旅行代理商营销机票、旅游产品，也安排保险、租车及酒店住宿等事宜。

旅行代理商一般包括以下类型。

（1）旅游公司式旅行社：通过直销方式，为邮轮公司组织客户组成旅游团，直销给邮轮公司，结成旅游营销联盟。事实上很多旅游公司也直接涉足游轮业，如中国国际旅行社下属的扬子江游船有限公司、中国交通旅行社下属的黄金邮轮有限公司。

（2）航空公司：为邮轮公司提供航空服务，把游客运送到岸上的旅游目的地。

（3）酒店度假公司：为邮轮公司岸上旅游目的地的游客提供满足其住宿、观光、度假需求的服务。

（4）港口公司：为邮轮提供领航服务及供停泊的港口。

（5）保险公司：为邮轮和游客提供保险服务。

（6）广告公司与营销公司：主要为邮轮做广告宣传，通过旅游出版物、报纸和杂志进行营销推广，或展开特色服务，或制订营销计划和产品的深度开发。

（7）旅游汽车租赁公司：为短距离旅游提供交通服务。

（8）物流公司：为邮轮提供食品、淡水、物资等。

这些旅行代理商与邮轮公司结成战略联盟，为邮轮公司提供深度服务，从而服务协同作用，维护游客对邮轮公司的忠诚度，从而实现销售额的增长。

客户的忠诚度对公司很重要，这类客户几乎在扮演品牌大使的角色，公司应全力笼络这样的客户。这类客户通过向他们的朋友、亲属传播有关公司产品的正面评价促进了品牌维护。

比如有的公司，就有一个叫“船长圈”的激励机制，这一机制是将客户分为三个等级：黄金级（2～5 次巡航）、白金级（6～15 次巡航）、精英级（16 次以上巡航）。对客户的优惠包括优先折扣、船上的专项活动、优惠服务及其他根据会员级别的优惠项目。公司通过这种方式来笼络游客，从而提升邮轮公司在大众心中的知名度。

知识链接

古镇煌，香港美食家，著名作家。他的翻译速度之快、著作之多元、出版量之大，很少有人能及。他早成大器，服务于各大在华外资企业，曾在北京经营大酒店，懂赚钱、花钱，爱吃、好吃。因信奉“人生倒数哲学”，领悟“不亏待自己”的真谛，从而享受人生，提早退休，摆脱每天早上闹钟的烦音，过逍遥自在的生活。他对邮轮旅游情有独钟，是一个不折不扣的邮轮旅游迷。从 1998 年开始至今，他坐邮轮旅游已经上瘾，每隔一些日子便会想着坐船，如今他的足迹遍布世界。他认为凡坐过船的人都和他一样会上瘾，成为常客，加上陆续有熟客加入，结果是邮轮越建越大，越建越多，但大多数欧美航线几乎永远客满。

他记述道：上了邮轮，大得惊人的船很快便成为了你的家，服务员很快记得你，于是你有了归属感。邮轮的熟客，多半对坐惯的船“忠心耿耿”，不想尝试别的公司的船。现有著名的邮轮公司，都有它的服务规格，比如欢乐邮轮以热闹好玩为号召，而 NCL 的船则以饮食多元化、吃饭时间自由为特色。你只要选你喜欢的船，以后便会忠心不移。

第四节　邮轮产品

邮轮产品是一个明确界定的组合，包括港口之间的航行、某一时段的行程安排、一定标准的住宿、设施以及各种服务。一些经营者便提供“邮轮和住宿”、“邮轮和旅行”等组合产品来满足不同需求的游客。

与其他旅游产品一样，邮轮产品也有自己的经济特征，具体如下。

（1）独特性：即产品包括一系列要素组合，每一种组合都构成了对每位游客的独一无二的体验。

（2）无弹性：即如果销售不出去，也不能储存。

（3）整体性（综合性）：即在进行邮轮旅游体验时，邮轮产品具有整体性特征，它不是单个产品而是系列产品（集航行探险、旅游观光、酒店住宿、娱乐休闲于一身）。

一、邮轮住宿

对有些游客来说，选择住宿似乎就是简单地判断住宿标准与价格的一致性。然而，看看邮轮公司的价格结构就能很快看出，选择住宿比以上的情况要复杂得多。一些邮轮公司的住宿设施指的是船舱，而类似于高级客舱、小型套房以及套房也是航海术语常用的代名词或补充。一些邮轮公司十分重视销售邮轮上的顶层套房，这些套房一般是最宽敞、最豪华和最昂贵的。（Mancini，2000）

尽管客房的大小从不足 11 平方米（120 平方英尺）到超过 85 平方米（900 平方英尺）不等，但一般是 18～23 平方米（200～250 平方英尺），甚至 14 平方米（150 平方英尺）左右的客房里有 4 张上下铺的床，上铺可以折叠，以腾出更大的空间，或者只住 2 名游客而不是最大容量的 4 名游客，也可以将下铺挪在一起拼成一张大床。最大的客房可以布局成配有休息区的套间。现代邮轮上所有客房都是按套间设计的，也就是说，房间都配有淋浴室和厕所，或者一个集浴缸、淋浴和厕所于一体的洗手间。（Dervaes，2003）

一般情况下，邮轮上的客房是同等酒店客房的压缩版，通过精心设计可使客房达到空间利用效率的最大化，从而形成有效的、专门的设施。邮轮上的空间价格高昂，因此，建造邮轮时要追求空间最大化，从而实现收益最大化。基于这种设计理念，邮轮上有些客房比其他客房更为便利，有些客房的景观视野好，而有些客房的景观视野受到限制，不同的客房因离某些设施的距离不同而具不同的吸引力。例如，如果一间客房临近电梯或其他容易产生噪声的设施，会使乘客因噪声而感到不舒服。当然，设计邮轮时也会考虑将噪声最小化，但是，在大多数邮轮（与岸边酒店一样）上，某些客房还是存在这类问题的。

游客通过宣传册或邮轮品牌网站来获得信息。这些信息为客人提供了大量的数据，可以帮助他们进行选择。平面图提供了一个客房的微型图（通常是三维的，见下图），图上显示出家具的位置、主要特征、典型布局和成套设施。一般来说，可以把照片和平面图结合起来，如果是网站的话，也可以展示 360° 扫描图。有关客房内部设施的描述通常会附带这些图片信息。

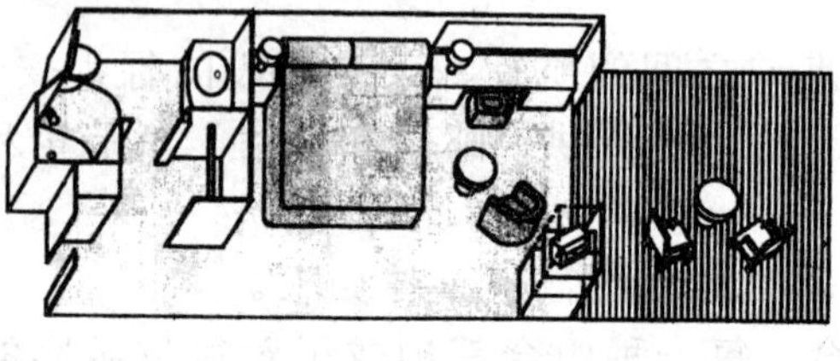
特等客房图解

最常用的确定客房位置的方式是利用甲板布局图。它们是具有代表性的邮轮平面图，把它与截面图同时使用，就可以帮助游客明确邮轮上客房或设施的准确位置。对于每艘邮轮来说，这些平面图是唯一的，尽管类似的邮轮具有很多共同特征。甲板图是彩色的，这样就可以利用图标来辨别客房的类型和费用。在一些邮轮上，低层甲板上的客房较便宜而高层甲板上的客房则更贵些，但这种情况并不适用于所有邮轮。使用甲板图可以确定客房属于以下哪种类型。

（1）内侧客房或豪华客房。这些客房自然光不足，但是通风设备、空调、镜子及人工光弥补了自然光的不足。内侧客房通常是住宿设施中最便宜的。

（2）外侧客房或豪华客房。这些客房带有舷窗或者窗户。大部分现代客房往往有较大的观景窗。

（3）带有凉台或阳台的外侧客房或豪华客房。随着邮轮业的发展，更多的住宿设施带有更多的私人空间，包括私人凉台或阳台。

（4）顶层套间、带或不带凉台（阳台）的套间。这些客房是最贵的。

（5）加床（铺）的客房或豪华客房。

（6）带互连门的客房或豪华客房。

（7）配有残疾人使用设施的客房或豪华客房。

（8）配有淋浴或浴缸的客房或豪华客房。

（9）比较靠近设施、电梯或有特殊用途的场所的客房。

（10）靠近救生船等安全设备的客房。通过观景窗只能看到比较晦涩的风景。

利用甲板布局图，客人可以准确地选择客房，这样做可以使不同偏好的回头客受益，或者满足游客对客房的不同需求。然而，客房升级后也会产生偏差和误解。

邮轮公司通过绘制甲板图，可以帮助潜在客户明确他们所选择的客房的位置，而且，从更加实用的角度来说，也能帮助他们更快地登船并更容易地了解邮轮上的生活。邮轮上也有折叠版的甲板图，能为邮轮乘客提供参考。

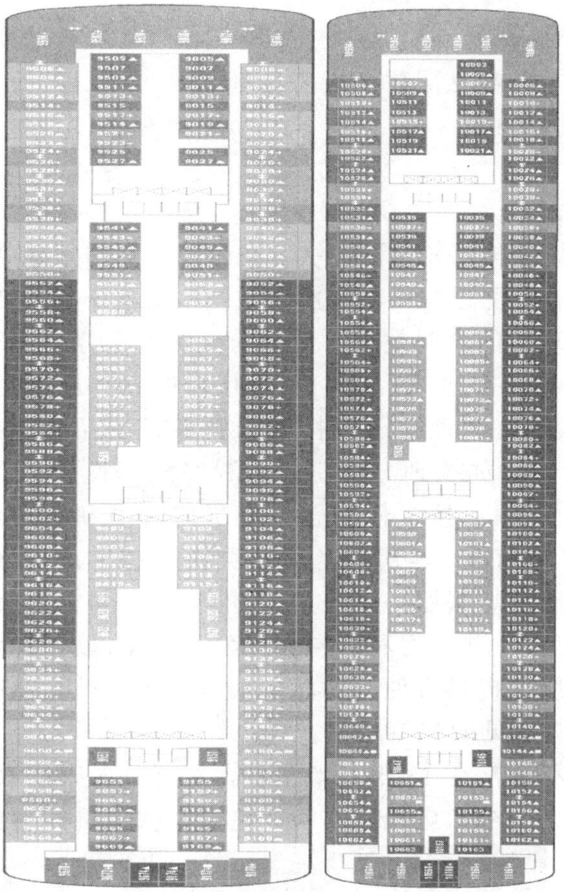

甲板布局图

客房设施因邮轮品牌而异，但一般客房或者豪华客房基本上包括以下内容：

（1）有两张可以合并的单人床，合并后可供两人使用；

（2）有两张上铺床，可以嵌入墙壁，也可使用备用梯子；

（3）床头柜；

（4）一张梳妆台兼书桌，带有内嵌式抽屉、储物区域、镜子和椅子；

（5）一套小桌椅；

（6）电视机和收音机，电视节目包括电影和邮轮上的电视频道；

（7）泡茶和泡咖啡的设施；

（8）保险箱、吹风机、冰箱/小吧台；

（9）直拨电话；

（10）带淋浴设备和厕所的浴室；

（11）空调。

一些知名邮轮也可能升级设备，提供额外的设施，如：

（1）互联网终端；

（2）CD/DVD/VCR 和立体音响；

（3）带家具的阳台；

（4）配有适当家具的独立居住区或休息室；

（5）独立的梳妆区域；

（6）热水浴缸；

（7）独立卫生间。

乘客客房的装修标准与邮轮品牌相关。室内装饰品与地毯和艺术品相协调，以达到设计效果，所选择的配色方案要与氛围一致，和家具一起创造整体的和谐。灯光要恰当地布置，以达到理想的照明效果。镜子的位置要充分考虑空间和光线。

客房服务员会进入乘客房间，他们负责住宿的总体状况以及日常打扫和服务。服务员每天的工作包括：整理被子，按要求更换日用品和毛巾，清洁、吸尘，以保证客房达到规定标准（如整理好浴室，布置好配套设施）。服务员还要检查迷你吧台，并与监管员一起解决技术性问题。客房监管员和客房经理负责检查客房，以确保客房能达到相关标准。客房服务可能会由一些客房服务员或其他员工提供。很多大型邮轮还设有客房送餐服务厨房，这里的厨师组和客房服务员按客人要求将食物和饮料送到指定客房。一些套房和顶层套房配有管家，以便提供更多的个性化服务。管家为派对的餐饮和服务提供方便，并能按乘客要求安排其他服务和产品。

下面配图介绍一些常见的邮轮房型。

（1）内舱房：面积通常在13平方米左右。配有单人床或双人床（可按需选择）、衣橱、带淋浴间的私人卫浴、电视、冰箱、电话、吹风机、迷你保险箱。

内舱房

（2）舷窗海景房：面积通常在14平方米左右。配有单人床或双人床（可按需选择）、衣橱、带淋浴间的私人卫浴、电视、冰箱、电话、吹风机、迷你保险箱。

舷窗海景房

（3）方窗海景房：面积通常在15平方米左右。配有单人床或双人床（可按需选择）、衣橱、带淋浴间的私人卫浴、电视、冰箱、电话、吹风机、迷你保险箱。

方窗海景房

（4）阳台房：面积通常在18平方米左右。配有私人阳台、单人床或双人床（可按需选择）、衣橱、带淋浴间的私人卫浴、电视、冰箱、电话、吹风机、保险箱、收音机。

阳台房

（5）迷你阳台套房：面积通常在26平方米左右。配有私人阳台、单人床或双人床（可按需选择）、衣橱、带浴缸的私人卫浴、电视、冰箱、电话、吹风机、保险箱、收音机。

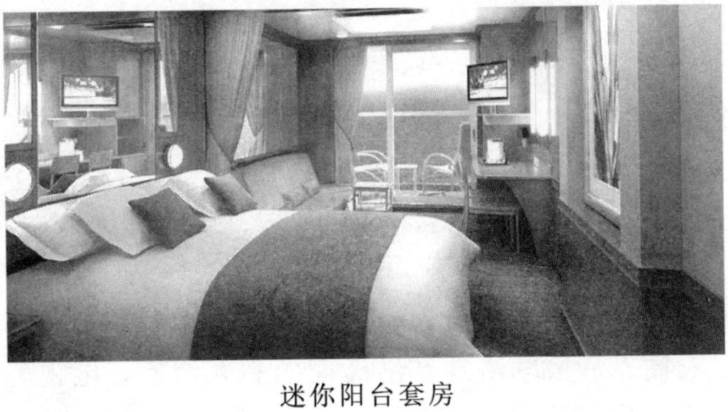

迷你阳台套房

（6）二卧室家庭阳台套房：面积通常在 50 平方米左右。配有私人阳台、一个客厅和用餐区、一个独立的儿童卧室、大床、衣橱、带浴缸的私人卫浴、电视、冰箱、电话、吹风机、保险箱、收音机、CD/DVD 播放机。

二卧室家庭阳台套房

（7）二卧室家庭别墅阳台套房：面积通常在 60 平方米左右。配有私人阳台、一个客厅和用餐区、一个独立的儿童卧室、大床、衣橱、带浴缸的私人卫浴、电视、冰箱、电话、吹风机、保险箱、收音机、CD/DVD 播放机。

二卧室家庭别墅阳台套房

（8）船长阳台套房：面积通常在 77 平方米左右。配有私人阳台、一个客厅和用餐区、大床、衣橱、带按摩浴缸及淋浴间的私人浴室、电视、冰箱、电话、吹风机、保险箱、收音机、CD/DVD 播放机。

船长阳台套房

（9）豪华船长阳台套房：面积通常在 111 平方米左右。配有私人阳台、一个客厅和用餐区、大床、衣橱、带按摩浴缸及淋浴间的私人浴室、电视、冰箱、电话、吹风机、保险箱、收音机、CD/DVD 播放机。

豪华船长阳台套房

（10）三卧室花园别墅阳台套房：面积通常在400平方米左右。配有私人阳台、一个客厅和用餐区、三个独立卧室、大床、衣橱、两个按摩浴缸和带淋浴间的私人浴室、电视、冰箱、电话、吹风机、保险箱、收音机、CD/DVD播放机。

三卧室花园别墅阳台套房

二、邮轮就餐

在邮轮上享受美食、美酒并与好友共享美好时光是一件非常愉快的事，无论在传统邮轮上还是在现代邮轮上，都是如此。食物是邮轮产品的重要组成部分，对于绝大多数游客来说，航程价格已经包括了邮轮上的饮食费用。当然也有例外，如额外收费餐厅。但总体上看，就餐体验的内在性质和顾客的高期望是一个重要问题。大多数邮轮品牌试图通过食物供应和就餐选择来使自己与众不同，他们制作颇具特色的烹饪菜谱，设计装修风格和氛围别具一格的餐厅，从而创造各种机会来定义产品、区分品牌。所以，某些邮轮的餐厅提供的可能是亚洲风味的日本饮食，而某些邮轮的餐厅提供的则是意大利风味的饮食。邮轮上安排了极为丰盛的美食，总厨们在制作菜谱时会尽力满足客人的饮食需求。

一些邮轮在就餐方面提供了更多的个人选择，他们抛开传统的就餐安排，也就是说，分两批吃晚餐，早餐及中餐设在大型餐厅，是开放式的，可随到随用，通过这种改变，吸引那些想要更多灵活性的游客。多数大型邮轮有至少2个500座以上的餐厅，餐厅一般位于走廊的两边，配有放菜橱和放餐具的小间（服务员将食物集中到这里供游客选用）。这种安排便于晚餐时为大量客人提供服务，避免出现客人在门口排队的现象。把晚餐服务和娱乐时间联系起来安排座位，能避免乘客对换座位安排产生不满情绪。协调早、中餐通常是不成问题的，因为游客还有其他选择，如自助餐或者房间服务早餐和自助中餐，而且，由于邮轮白天常常会访问港口，因而制作和提供早、中餐服务也就相对容易。

（一）自助餐

在邮轮上吃自助餐是一种灵活的就餐选择。自助餐厅通常位于较上层的甲板，从邮轮的一端延伸到另一端，每端是另一端的镜像。这种设置便于大量游客移动而不会产生阻塞。从容时以及两餐服务的间隙期，会关闭其中的一边，以便打扫卫生、更换或补充食物品种。这样，就可以提供 24 小时的便利服务，既灵活又经济。

一小队厨师在厨师长的监管下一起为客人提供自助餐服务。厨房人员包括自助餐厅助理和经理，他们帮助客人、清理桌子，当客人需要时，也为其提供饮料服务。为了让食物对游客产生足够的吸引力，自助餐厅会使用一些设备来显示食物种类，表明食物处于适当温度之下，说明食物是用最好的方法加工的。尽管一些普通食物种类如面包类、沙拉类、调料以及调味品等，每天基本一致，但主要食物种类如汤、肉和鱼等主菜、凉菜以及甜点等，会根据行程计划而每天变换。食物种类的设计跟行程计划上所到港口的烹饪特色是相呼应的。

自助餐厅比传统餐厅所需的员工要少，由于这种方式的餐桌摆设、所需饮料都比较简单，铺地毯的区域较少，所以，操作起来更加简便。自助餐避免了餐厅在早、中餐时的紧张，这样能更有效地调配员工，厨房也可以更准确地计划生产。因为食物是根据反馈的最主要的需求类型和主流消费习惯而悉心制作的，因而所产生的浪费就会很少。

主餐厅所制作的菜谱要能反映和区分品牌。菜谱的设计风格可能会倾向于答谢各色喜好的乘客，这会牵涉到不同菜品的供应、菜品风格的名称、食物种类和所采用的描述食物种类及菜品的语言。主餐厅常反映出一种风格和标准，使人沉浸在一次较正式的就餐体验之中。

游客可以通过制服来辨别餐厅经理、领班、服务员以及实习服务员、助理服务员，还有一些专业人员，如葡萄酒和白酒调酒师。洁白的桌布，闪亮的刀叉、餐具和玻璃器具，精心搭配的色调，各色材质和家具，还有柔和的光线，增添了用餐效果，音乐（有时候是现场的）以及环境的戏剧风格也使用餐效果增色不少。背景布置对客人相互之间以及客人与员工之间的交流是很重要的。食物和酒水是游客来餐厅的原因，但他们也会因其他原因来餐厅体验。

服务风格因品牌和乘客的期望而不同。一些豪华品牌提供全银服务，高级品牌则提供半银或镀金（银）服务，一般品牌可能综合使用自助餐餐具和镀金（银）餐具提供服务。每种服务风格与服务者的服务技能以及员工乘客比相关。全银服务对服务技能要求最高，服务人员要求服务精湛，能娴熟地提供食物信息，因此，要求员工乘客比较高。不管是哪种服务风格，都要求服务人员具有良好的人际交往能力。餐桌的尺寸也大小不一，用餐规模为 2～8 人。较大的餐桌更常见的是两列席位。很多邮轮品牌推荐自由就餐，客人可以提前预订某段时间的桌位，可以要求单独就餐，也可以要求加入团队就餐。

在没有要求的情况下，就餐区域无须过分讲究礼节。礼节和着装是很多邮轮的特色，尽管新邮轮品牌重视非正式礼数，但绝大多数邮轮品牌倾向于为游客创造着正装的机会，以此加深游客的印象。在这些邮轮上，游客每 4～5 天就有一次机会着正装。

（二）其他就餐选择

尽管大部分就餐是邮轮体验的构成部分，而且包含在度假费用里，然而，邮轮品牌为了丰富游客的就餐体验，为游客提供了更多的就餐选择，且这种趋势不断增强。例如，在“星公主”号邮轮，乘客可以在一系列可选择的餐厅预订餐桌，如萨巴蒂尼餐厅—— 一家高档的意大利餐厅，德克萨斯—— 墨西哥烧烤餐厅，两者都需要额外付费。一些邮轮还提供户外就餐，为乘客享受星光晚餐创造了机会。

其他餐厅如比萨店、汉堡店和热狗烧烤店等，为特定乘客提供了选择的机会。对孩子而言，这些地方比正式餐厅更具吸引力。冰激凌售卖点也可能设置在甲板上靠近游泳池、日光浴或者休闲活动区域的地方。餐厅、自助餐厅里都会提供下午茶，在某些情况下，也提供正午茶（为年轻家庭）。最后，如果游客不想走出房门，可以选择客房送餐服务。

三、吧台

一般来说，大部分酒吧在晚餐后就开始忙碌起来了。航行中的日常活动很快就会形成，就跟乘客熟悉周边环境、弄清楚他们想干什么以及想去哪儿一样。尽管忙碌的时段从 22:00 才开始，但对乘客来说，有的是机会买饮料，酒吧同样有的是机会去创造收益。

当邮轮离港时，上层甲板会提供饮料。在这一重要时点，酒吧服务员穿梭于游客之间，销售鸡尾酒和饮料，庆祝起航。现场音乐演奏更增添了气氛。

船上设有酒水预订点，这样，游客就可以确保晚餐时能够喝到他们想喝的酒。晚餐期间可以从位于餐厅厨房的自动售货机获得酒和饮料。清单上的白酒、利口酒（一种味浓性烈的酒）、白兰地、上好威士忌以及酒水推车、商品展示柜中的商品，都可购买。侍酒师和酒水服务员随时待命。

所有的娱乐场所都提供餐桌服务，提供白天的鸡尾酒和特别促销来突显选择的广泛性。

邮船还针对特定群体的乘客设置了不同类别的吧台，如体育吧台。体育吧台设有体育大事记，在电视上播放录制的或现场的体育赛事。还有传统的休闲吧台，里面用的是舒适的深色木质长沙发椅和普通椅子，给人一种“俱乐部”的感觉。香槟和鱼子酱吧对特定的顾客群具有吸引力，这里彰显着品位和独特。钢琴吧则既有放松亲密的感觉，又有友好的氛围。

夜总会一般都有餐桌服务和鸡尾酒清单。各式各样的产品都有可能供应，这取决于邮轮上的游客。鸡尾酒在邮轮上很受欢迎，很多酒吧用预先调好的混合物，在摇晃、搅拌和调配之前加入烈酒和冰块即可。

四、邮轮娱乐

剧场是进行重要活动的场所，如大型音乐演出、喜剧表演、歌舞表演或魔术表演。剧场也是最大的游客集中区域，因此，这里也可以用于应急演习或者作为岸上游的集合地点。通常每个晚上有2～3场表演。表演活动是按时间滚动进行的，这样的设计是为了确保节目看起来新鲜、有趣和新颖。

白天的活动节目是由娱乐工作人员提供的，活动项目刊登在邮轮的报纸上。这些活动项目形式各样，能满足邮轮上各类游客的需求。娱乐团队还包括口岸讲解员、舞蹈指导以及网吧、IT 套房的讲解员等。这些娱乐工作人员还能管理时尚秀、艺术品和工艺品展览、厨艺展示和品酒大会，还时常与邮轮上其他部门的员工一起工作。

邮轮上还聘请了音乐师，他们为戏剧作品的创作、演出及吧台区、甲板派对和钢琴吧提供指导。技术小组会提供放映、灯光、音响及特殊效果等方面的支持。

休闲工作人员为船上高尔夫和各种水上运动（如水上摩艇、滑水、潜水、冲浪等体育活动）提供支持。邮轮还向游客租赁自行车开展岸上活动。还会有单独的团队专为孩子们策划活动，他们关注不同年龄的孩子的特殊需求。如“公主”号邮轮有适合3～7岁孩子的“鹈鹕”俱乐部、适合8～12岁孩子的“海盗”俱乐部和适合13～17岁孩子的“无约束”俱乐部。

仿真冲浪设施“巨浪弯”最先在皇家加勒比海“海洋绿洲”号和“海洋魅力”号邮轮上亮相。对于不会玩的游客，邮轮还会进行单人或群体辅导。

“巨浪弯”仿真冲浪

下图是两位游客正在嘉年华“梦想”号邮轮上玩水上螺旋滑梯，嘉年华公司其他邮轮上也有类似的娱乐设施，比如“神奇”号上就有一只500加仑的水上翻斗桶。

水上螺旋滑梯

丘纳德“玛丽皇后”二号邮轮是唯一一艘自带天文馆的邮轮。游客在这里可以体验太空视觉之旅，观看星星或者听一堂天文课，见下图。天文馆每天都有新内容，需要时它还可以当作影院、演讲厅、演播室使用。

邮轮天文馆

迪士尼“梦想”号是第一艘在甲板上建造水上娱乐设施的邮轮。邮轮上著名的“水鸭子”有 230 多米长、4 层甲板高。它通过射水器帮助游客从甲板高处向下滑行，游客会沿着水槽高速弯曲、转弯、下落然后再进行水上漂流，见下图。

“梦想”号上的“水鸭子”

皇家加勒比“精英”号邮轮还在甲板上铺设了草坪，以供游客在这里进行室外地滚球和槌球等运动。不过，就算什么都不做，只坐在草坪旁边，看看一望无际的大海也是一种享受。

草坪俱乐部

在挪威“史诗”号邮轮上，乘客可以到 Svedka 冰吧喝一杯。冰气袭人的冰吧不时变换着模仿北极光的蓝、绿、紫色 LED 灯光。冰吧的吧台、墙壁、凳子、玻璃和真人大小的雕像都是用冰做成的。邮轮会为参观的游客提供大衣、手套、帽子来保暖。冰吧的常年气温不会高于–8℃。

Svedka 冰吧

皇家加勒比“海洋绿洲”号邮轮上的滑索道长 24 米，游客要从相当于 9 层甲板高的地方向下滑，享受极限运动带来的刺激。

“海洋绿洲”号滑索道

五、岸上观光

在邮轮出发前或航行期间都可以向游客销售岸上观光项目。岸上观光会带来收益，但策划岸上观光也是为了增加邮轮体验的价值。由于时间限制，岸上观光或滨海旅游的设计原则是使游客体验最大化。交通方式的选择范围很广，但主要取决于停靠港的情况，包括快艇、汽车、自行车、马车或者直升机。通过邮轮公司预订有很多优势，例如，如果交通工具出现故障，邮轮公司会全权负责处理，以确保游客不会感觉有过多不便。

岸上观光经常通过第三方旅行经营商提供旅游活动以及开发岸上观光项目（一些邮轮公司也拥有自己的旅行经营业务并从中受益）的网络联系。组织游客旅行就跟军事行动一样，需要策划、控制人群、精准地把握时间以及有效地沟通。

六、邮轮疗养

这一项目也会产生收入。有些邮轮品牌会签约一些特许服务（经营者为获得在邮轮上的经营权，与邮轮公司签署相关合同），有些邮轮则会直接雇用专业人员。很多知名的美容、发艺设计品牌都在邮轮上经营业务。邮轮公司也逐步认识到美容、Spa已成为当代人们重要的休闲方式。

邮轮上的疗养项目通常包括查克拉石疗、海水浴疗、足底按摩、美甲美足、发型设计、充氧面部护理、隔热缚体以及保健和营养讲座等。

七、邮轮购物

邮轮上的商店是很受游客尤其是女性游客欢迎的地方。在这里，游客可以尽情享受疯狂购物的欢乐。尽管漂在海上，却并不意味着游客不能浏览和挑选当季的流行商品，更不用说各种生活必需品。另一个吸引游客的因素是，这些商品是免税的。邮轮在国际海域航行，一般来说不用付税。

邮轮上的商店通常位于邮轮的中心区域，这是模拟城市的购物超市设计的。在大型邮轮上构建一个大型正厅，既可满足这种趋向，也可创造一个附加优势，即允许商店转移到其据点的对面或邻近地方，开辟临时市场摊位。这种方式扩大了总体交易区域，有利于形成一种熙熙攘攘的繁荣气象。特许经营的商店由公司管理，如迈阿密邮轮航线控股公司、哈丁兄弟免税店、Nuance全球邮轮公司及旗舰零售服务公司等。

八、邮轮摄影

邮轮上的摄影师总是在马不停蹄地捕捉那些奇妙的时刻。从出发直到离开最后一个停靠港，他们要记录下发生的重要事件。当代邮轮公司在数字技术方面投资很大，目的是用数字化合成技术定制以停靠港或相关事件为背景的照片。利用这种方法，乘客在威尼斯岸上拍的照片将会恰如其分地框在具有威尼斯特色的蒙太奇背景里。在游客上船时，摄影师就出现在舷梯上，当然也会出现在鸡尾酒会、节日晚宴和一些正式场合，他们会陪游客旅行，他们的任务就是拍照并把照片卖给游客。

照片会在走廊的展示区展出，因此，游客在从餐厅到演出吧的路上很容易就会看到这些照片，几乎没有人不驻足观看，寻找自己的身影。有些摄影师直接受聘于邮轮，有些则与特许经营商签约。

九、邮轮赌场

赌场是一个充满激情和刺激的场所。在一艘嘉年华邮轮的赌场里，有这样的说法：“你有你的生活。”皇家加勒比邮轮的说法是：“没有什么像玩扑克时大赢或玩老虎机时卓有成效这样令人兴奋的了。”邮轮上的赌场与拉斯维加斯赌场具有相似的浮华和美丽，被认为是赢家的一种消遣。

在邮轮业中，无现金消费已经变得很普遍。客人会收到一张卡，他们可以用卡在邮轮上买东西，并将花费记在他们的账户上，赌场也用这种支付方式出售老虎机代金券或赌博筹码。在航行时，赌场允许开放，虽然有些港口允许赌场进行交易，甚至在邮轮停靠的时候也可以，但有些管辖区，邮轮在离岸3英里之内不能开放赌场。赌场必须严格按照管辖区的法规经营。例如，国际邮轮协会（ICCL）——由17家最大的邮轮公司组成的非营利性组织，号召美国及其以外的国家的主要口岸出台指导方针。

赌场向年龄在18岁以上的玩家开放（在阿拉斯加和其他一些港口为21岁）。大部分赌场都有着装要求，而且最大、最小赌注会清楚地在桌面上标明。常见的玩法包括21点、骰子、轮盘赌、加勒比海宝藏扑克、三张牌扑克、百家乐和视频扑克。无论是出于遵守停靠港规定的原因，还是为了避免与岸上赌场竞争，赌场通常在邮轮靠岸停泊时关闭。

十、邮轮婚礼

客人可以在邮轮上庆祝各种特殊时刻，在有些邮轮上，恋人可以举行婚礼。由于适用于各邮轮的国家法律和注册地不同，所以并不是所有邮轮都有举办婚礼的权利，但是，在法律允许的地方，邮轮船长可以主持婚礼仪式，这对游客来说是很难得的机会。为抢占这一市场，各邮轮公司推出了一项将此活动包含在内的套餐产品以供选择，其中包括整个婚礼的策划。这个产品组合包括摄影、婚礼接待、鲜花、仪式、婚礼蛋糕及纪念品。

有些游客选购这个组合产品来重温他们的誓言。套餐组合可以定制，包括水疗、香槟及一个正式的仪式。度蜜月、周年纪念（日）、生日，还有一些其他的特殊庆祝活动，都可以成为这个套餐的一部分。

以上是邮轮上最常见、最重要的公共设施。当然，还有一些其他的设施，比如婴儿看护区、儿童玩耍区、药店、攀岩壁、吸烟厅、电子游戏室、水滑梯、自助洗衣店、图书馆、滑冰场、微型高尔夫球场，等等。

第五节　品牌价值与邮轮分类

邮轮的规模是影响游客经历与体验的主要因素，巨型邮轮的典型特征是拥有多个泳池、赌场、水疗中心，多重就餐选择以及众多活动；小型邮轮舍弃了一些设施，从而有利于集中精力做好目的地接待工作和提供不同的邮轮体验。邮轮研究人员以各种各样的标准对邮轮进行评价（五星级）和分类，评价与分类的标准是邮轮的载客人数、饮食及住宿条件的质与量、以及对邮轮体验的总体衡量。为了吸引各目标群体，很多邮轮公司经营有不同类型的邮轮，这样就可以设计出与邮轮规模相适应的产品系列，即与目标市场及营销价格相对应的特定航线。

一、按规模分类

（一）巨型邮轮

巨型邮轮可承载超过 2 000 名的游客（10 万吨以上）。

（二）超级邮轮

超级邮轮可承载 1 000～2 000 名游客（5 万～10 万吨）。

（三）中等邮轮

中等邮轮可承载 400～1 000 名游客（1 万～5 万吨）。

（四）小型邮轮

小型邮轮可承载的游客一般少于 400 名（5 000～8 000 吨）。

（五）精品邮轮

精品邮轮因用途特殊，其游客一般少于 300 名。

（六）帆船

帆船主要靠风力行驶。

（七）内河游船

内河游船主要在内陆河流行驶。

二、按地位和价值分类

（一）奢华型邮轮

奢华型邮轮是指提供高级舒适度、精致美食和顶级服务的邮轮，其邮轮产品是最昂贵的。这类邮轮规模通常不大，住宿和公共区域总是经过精心设计，所以宽敞的且往往带阳台的特定客房、套房或双层公寓能容纳的客人相对较少。这类邮轮通常提供管家服务，大多属五星邮轮。水晶邮轮采用六星标准，以彰显他们卓尔不群的质量水平。

（二）现代邮轮

现代邮轮相当于漂移的度假地，邮轮的规模从中等到巨型不等。这些邮轮提供带有现代意味的服务项目供游客选择。邮轮上的设施如溜冰场、高尔夫球场、攀岩场，通常能给游客留下深刻的印象，虽然游客也有机会选择在晚会上盛装打扮，但总体上氛围很轻松。

（三）高级邮轮

高级邮轮提供超出平均水准的食物、服务和设施，包括很多带阳台的外侧客房。这些邮轮的目标是通过提供各种各样的娱乐活动，对儿童、年轻人、老年人等各个年龄层的游客群体产生多样化的吸引力。

（四）专业型邮轮

为了开发出独特的产品，这类邮轮专注于某一特定方面，如对目的地进行深度开发，以此来吸引对这一方面有浓厚兴趣的游客，如文化诠释、温和探险等多样化的活动。这些邮轮公司的目标客户是较有经验的旅游者。

（五）经济型邮轮

经济型邮轮通常是中等规模、经过翻新的较旧的、设施比新邮轮少的邮轮。这类邮轮因采用自助式晚宴等形式，雇用的员工较少。这类邮轮通常设计经典，而且由于产品定价比较经济实惠，对那些邮轮旅游经历相对缺乏、收入中低的旅游者来说具有较大的吸引力。

思考与练习

1. 世界上有哪五大邮轮经营商？
2. 中国内陆长江的游船公司主要有哪些？
3. 邮轮有哪些产品？

第三章
邮轮地理

- 学习目的

  1. 掌握邮轮目的地的相关概念。

  2. 分析影响邮轮旅游航程设计的因素。

  3. 学会设计航程。

邮轮把世界变成能满足不同市场需求的一系列区域。世界各地的地理条件、气候条件和季节变化决定了游客的旅游兴趣与动机，也决定了旅程的舒适度和安全性。为避免造成游客的不适和潜在的威胁，邮轮公司在航程设计时，应尽量避开航行条件差的海域和一些冲突频发或政局动荡的国家。

第一节　邮轮目的地

戴维森和梅特兰在 1997 年提出了一个描述“客源地”和“目的地”之间相互作用的模型：“客源地”是指游客来自的地方，“目的地”是指游客将要去的地方，两者之间通过“中转地”相互连接，“中转地”是指游客在到达目的地之前停留的地方。客源地的潜在旅游者受到多种“推力”的影响，如可支配收入、闲暇时间、动机、欲望以及人口变迁，来到旅游目的地。旅游结束后，游客信息从旅游目的地反馈到客源地，加深了客源地人们对目的地的感知，刺激了进一步的旅游活动。

对于邮轮业来说，值得注意的是，近年来，在大型邮轮建造及其设施改善方面发生了重大变化，邮轮本身就是主要目的地。实际上，邮轮在邮轮旅游系统中占据重要的地位，这一点可以从下图所示的模型中得出结论。

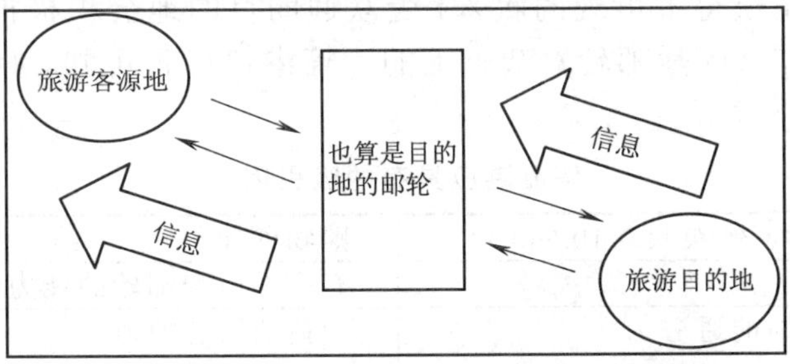

邮轮旅游系统模型（戴维森、梅特兰，1997）

这一模型认为，邮轮在连接客源地和最终目的地之中发挥了重要作用。在某种意义上讲，在邮轮旅游期间，邮轮是一个表演中心，是一个安全而熟悉的地带，在这里，游客可以自由决定是否选择、体验和参与相关活动。在停靠港停留的白天，有些游客喜欢留在邮轮上体验邮轮上的各项活动而舍弃欣赏岸上的风景。信息从目的地传输到邮轮，然后从邮轮传输到客源地。

一、邮轮选择在温暖的地区航行的原因

邮轮倾向于在温暖和煦的气候条件和平静的大海上航行，几乎所有邮轮的主要旅游区都在热带及亚热带地区。

1）在温暖的地区航行，会给游客带来舒适的感受。

2）减轻行李，衣着更加自由，方便出行。

3）热带及亚热带地区的自然风光十分美丽，能够给游客带来美好的享受。

4）方便游客享受大海，邮轮上最有特色、最吸引游客的活动是与大海亲密接触，如潜水与海洋动植物接触，游客可尽情畅游大海。

5）给游客带来安全感，即便落水，也不会像“泰坦尼克”号的游客那样被冰冷的海水冻死，也会有更多的时间等待救援。

二、良好的邮轮母港与停靠港应具备的条件

（一）良好的邮轮母港应具备的条件

停靠港或者目的地总是有各种各样的要素，这些要素组合起来就会产生效能。邮轮业是一个依赖于旅游者满意度的产业。在旅游最后阶段，要通过调查问卷的方式获取邮轮旅游者的反馈信息。

游客的反馈表明，港口应当具有趣味性、文化刺激、安全无威胁、可进入性好以及居民友好等特点，但事实上很难找到一个能具有所有这些特点的理想停靠港。所以，在现实生活中，只能折中考虑。

（二）良好的停靠港应具备的条件

停靠港通过邮轮获得了可观的收入，受欢迎的目的地会积极推销自己以吸引邮轮旅游者。通过分析在《国际邮轮》杂志上的一篇港口广告可知，停靠港应具有一系列的吸引因子，详见下表。

停靠港应具有的吸引因子

低潮时的水深为平均 35 英尺（10.668 米）	购物便捷
深水、不冻、避风	有客纳巨型邮轮的能力
具有易于进入目的地的通道	便捷的游客通道
港口本身就是吸引物	舒适、有效、安全
免税	至少有两个船舶码头
适宜作为母港	物质补给方便，便于储存行李和垃圾处理
专业化服务	全景观念

续表

具有丰富多彩的旅游吸引物	附近有国际航空港
具有设施先进的邮轮码头	气候温暖、导航先进
观光旅游	文化、历史遗产丰富
令人兴奋的夜生活	适宜开展各种水上运动和陆上运动

通过一些权威网站关于停靠港的分析可以发现，良好的停靠港必须具备以下条件。

1．深水、不冻、避风

停靠大中型邮轮，水深需达 10～15 米，停靠巨型邮轮水深需达 20～25 米。

2．港口城市必须具有独特的自然资源或文化特色

港口城市若没有旅游吸引力，就不能吸引游客下船旅游，停靠也就没有意义了。

3．具有快捷的交通通道

港口城市应具有大型的国际机场、快捷的铁路，城市公共交通系统应与港口连接，方便游客进出，方便物质运输供给。

4．安全舒适的条件

社会稳定、治安良好，是所有旅游活动的前提。同时各项硬件设施必须能与游客的消费能力配套。

5．具有先进的码头及港口设施

先进的港口设施可为邮轮提供专业化服务，如通信导航服务、领航服务、停靠服务、物质供应服务等。

6．有众多的购物中心与免税店

旅游的六大目的分别是吃、住、行、游、购、娱，购物是游客在旅游活动中不可缺少的一部分。各种不同停靠港提供的各地特色商品和免税商品是游客选择邮轮出游的主要原因之一。所以邮轮公司在设计航程时必须考虑到这些因素。

第二节　世界邮轮主要旅游区与港口城市

一、加勒比海

当前，加勒比海所吸引的游客比世界上其他任何区域都多。根据相关研究，这一区域最近大受欢迎是因为北美游客寻求能提供某些特色的邮轮旅游，其中之一就是目的地离家较近。“9・11”事件以后的十几年中，加勒比海作为最受欢迎的邮轮旅游区的地位得到了巩固，尽管从那以后增长速度变慢，但仍然表现出上升的趋势。

形容邮轮目的地的物理量很多，如潜在游客接待能力（PPT）——用邮轮数乘以每艘邮轮的载客量得到的一个快速参考数据；每晚游客数（PN）—— 单个港口的过夜游客总数。就经营规模而言，世界上最大的邮轮公司—— 嘉年华邮轮公司所经营的邮轮统治着该区域，游客人数占 54%；而皇家加勒比邮轮公司亦占 33%。

该海域的自然特征、气候、可进入性、历史背景和政治背景各有不同。行业数据显示，尽管温暖、清澈、湛蓝的海水以及棕榈海滩强烈地吸引着游客前来放松和游泳，但许多游客访问某些加勒比海岛的另一个重要目的是购物，拿骚港等港口已成为免税购物天堂。

邮轮公司在作行程安排时，常把风格迥异的岛屿串联成旅游线路。这些行程可以是从佛罗里达州的劳德尔堡、埃弗格雷斯港、卡纳维拉尔或迈阿密出发，也可以是从加勒比海的波多黎各和巴巴多斯出发。近年来，加勒比海南部和东部没有西部岛屿做得成功，因为大多数邮轮行程已经从两周缩短到了 4 天或 7 天，行程的缩短促使离佛罗里达更近的加勒比海西部更加热门。

有些岛屿并非如游客所期待的那样宁静或宜居。古巴是加勒比海地区最大的群岛国家，位于佛罗里达南 145 千米处，因曾在政治上反对美国，最大客源地美国的游客自然会有诸多顾虑。海地曾经的动荡政局对其岛国经济的发展也造成了不利影响，对邮轮的来访产生了消极的影响。然而，从整体上看，大部分“岛屿天堂”的局势还是稳定的。

国际邮轮协会描述了加勒比海的三个区域—— 加勒比海东部和巴哈马群岛、加勒比海西部、加勒比海南部。下面将详述这些区域的目的地。

（一）加勒比海东部和巴哈马群岛

巴哈马群岛靠近加勒比海，但并不属于加勒比海，而是靠近佛罗里达南部海岸和加勒比海东部。这种区位优势使邮轮航线设计者自然而然地将其列入航线之中，也就是说，该群岛是邮轮在加勒比海旅行时经常性的停靠点。从美国的迈阿密港、埃弗格雷斯港、卡纳维拉尔港以及波多黎各的圣胡安港等港口进入巴哈马和加勒比海东部相对便捷。加勒比海东部和巴哈马群岛有很多不同类型的港口，包括那些邮轮公司私有的岛礁。

1. 巴哈马群岛

位于新普罗维登斯岛上的拿骚和弗里波特是巴哈马群岛的重要港口。2004 年拿骚接待的到港游客数量居世界第六位，弗里波特居第十六位（*Wild and Dearing*, 2004）。巴哈马是西班牙词语“Bar Mar”的派生词，意为浅海。这里有近 700 座小岛，很受游客欢迎，又因拥有阳光、海水和沙滩，被称为“天堂群岛”。这里的沙滩备受游客推崇和欢迎，除了延绵数英里的白色或粉色沙滩外，岛上还有很多好玩的地方。该群岛还有世界第三大珊瑚礁，有包括鲨鱼和海豚在内的丰富多样的海洋生物。巴哈马旅游从业人口占人口总数的 50%，50%的 GDP 或国民收入源自旅游业或旅游产品和旅游服务的销售。该群岛与英国有深厚的历史渊源，汽车靠左行驶即是例证，尽管很多汽车的驾驶座位于左侧。游客可在这些岛上进行购物、赌博和打高尔夫球等活动。

2．波多黎各

波多黎各岛的圣胡安既是一个停靠港（或目的地），也是一个基地港。双重角色使其成为世界上第七大到访游客最多的港口（*Wild and Dearing*，2004）。波多黎各被称为“魅力之岛”，拥有丰富多彩的吸引物，包括典型的热带海岸风光、美丽的自然景观以及丰富的文化遗产。岛上居民的文化背景复杂，其文化受非洲、西班牙和美国等异国文化及土著文化的影响。

3．美属维京群岛的圣托马斯

圣托马斯和岛上的港口夏洛特阿马利亚深受购物者的欢迎。经过几年的发展，该岛已成为主要的免税天堂，加上岛上美丽的自然风光，对游客产生了强大的吸引力。该岛已成为世界上排名第八大游客到访最频繁的港口。通往码头附近购物商场的交通很便捷，游客也可以享受诸如浮潜和水肺潜水等水上活动以及岸上活动。

4．圣马丁岛

菲利普斯堡是圣马丁岛的港口。该岛一半属于荷兰，一半属于法国，因而具有两种国籍和风格，大多数邮轮选择停靠的菲利普斯堡属于荷兰。游客可以在该岛享受沙滩活动、水上巡游活动，还可以体验双重文化。

5．安提瓜岛

安提瓜是一座葱郁的热带岛屿，还拥有当地人引以为豪的历史景点尼尔森船坞以及一个18世纪的英国海军舰队基地。该岛的浮潜和水肺潜水深受游客欢迎。

其他加勒比海东部的港口也是有名的邮轮目的地，如托托拉岛、多米尼克、圣卢西亚、马提尼岛和圣基茨等。

东加勒比海旅游目的地概况

目的地	所在国家	所在地区	流通货币	语言
巴哈马群岛	巴哈马	东加勒比海	巴哈马元	英语
波多黎各岛	波多黎各	东加勒比海	美元	英语/西班牙语
圣托马斯	美属维京群岛	东加勒比海	美元	英语
圣马丁岛	荷兰/法国	东加勒比海	欧元	荷兰语/法语/英语
安提瓜岛	安提瓜和巴布达	东加勒比海	东加勒比海元	英语

（二）加勒比海西部

从佛罗里达州或休斯敦、加尔维斯敦和新奥尔良等港口到西加勒比海的交通非常方便。另外，该区的行程安排还可以把墨西哥的一些港口作为目的地，如科苏梅尔、坎昆、韦拉克鲁斯及坦皮科等地，形成了形式多样、风格迥异的邮轮航线。

1．基韦斯特

基韦斯特在美国最南端，被誉为“海螺共和国”。基韦斯特因众多艺术家、名流、总统和文学巨匠（如恩斯特·海明威和田纳西·威廉姆斯）而拥有大量名人故居，如前总统杜鲁门的“小白宫”，这些都是游客游览的目的地。游客还可以在这里购物，甚至可以在墨西哥湾深海垂钓。

2．开曼群岛

乔治城是开曼群岛的主要停靠港，也是世界上第五大到访港。游客在该岛还有机会与刺鳐同游，当然，游客还可以参观其他景点，享受其他体验。开曼群岛凭可以围着珊瑚礁（这里生活着许多海洋生物）潜水而知名。大开曼岛是世界上第一个海龟养殖场所在地，拥有蔚为壮观的石灰石和珊瑚礁以及深受欢迎的 7 英里海滩。

3．金斯敦

牙买加是加勒比海地区第二大群岛国家，港口欧丘里欧是世界第十五大到访港。金斯敦是牙买加首都，南临加勒比海，北靠蓝山，是牙买加重要的港口城市。牙买加有大量的自然奇观，如邓恩河瀑布。邮轮游客可以攀爬瀑布，在蓝山远足探奇，进行海底或山洞游览。游客选择的多样性反映了该区自然和文化资源的多样性。以已故的鲍勃·马利为象征的音乐在牙买加文化中占据重要地位。牙买加还是雷鬼音乐的发祥地，并拥有丰富的历史遗产。

西加勒比海旅游目的地概况

目　的　地	所　在　国　家	所　在　地　区	流　通　货　币	语　　言
基韦斯特	美国	西加勒比海	美元	英语
开曼群岛	开曼群岛	西加勒比海	开曼元	英语
金斯敦	牙买加	西加勒比海	牙买加元	英语

（三）加勒比海南部

该区的群岛与南美洲的委内瑞拉相距很近，其行程通常需要利用该区内的母港，如巴巴多斯和阿鲁巴，因而常被认为更具异域风情。许多去加勒比海南部的邮轮都是从东部的圣胡安出发，行程中包括了加勒比海东部和南部的港口。该区的气候是加勒比海最晴朗的。

1．巴巴多斯

巴巴多斯位于南加勒比海的东端，四周有连绵起伏的山群，与一些火山岛形成鲜明对比。巴巴多斯以前是英国的殖民地（于 1966 年取得完全独立），所以当地人有较强的英国情结。主要游览项目包括参观朗姆酒场、岛屿观光、参与水上运动以及美丽的海滩。

2．库拉索岛

库拉索的首府是威廉斯塔德。库拉索岛是荷属安的列斯群岛的主岛。这里的建筑风格带有浓厚的荷兰遗风。该岛的主要旅游活动包括购物、参观水下公园、水族馆或牡蛎养殖场等。

该区还有很多其他岛屿，包括博内尔岛、特立尼达和多巴哥。行程中可能也包括委内瑞拉的港口，如拉瓜伊拉和卡塔赫纳。

南加勒比海旅游目的地概况

目的地	所在国家	所在地区	流通货币	语言
巴巴多斯	巴巴多斯	南加勒比海	巴巴多斯元	英语
库拉索岛	荷属安的列斯群岛	南加勒比海	荷兰安列盾	荷兰语/英语

二、西欧及地中海地区

“9·11”事件发生后，世界邮轮经济发生转型，邮轮主要客源地北美的游客更多地倾向于乘坐邮轮进行时间不太长的航行，加勒比海为此大受欢迎。于此同时，西欧和地中海地区的邮轮旅游业也随着紧张局势的缓和而飞速发展。

西班牙的巴塞罗那和帕尔马以及意大利的威尼斯在南欧到访港中名列前茅，这反映出一个趋势，那就是航线安排更加偏向地中海西部或亚得里亚海。由 *Wild and Dearing* 的资料得知，南安普敦因其明显的区位优势，已经崛起成为英国的主要港口，可以服务于不同航线，其设施足以满足游客和邮轮的各种需求。

三、北欧

北欧适宜邮轮旅游的季节相对较短，但这里的港口很受游客欢迎，所以邮轮旅游集中在短暂的巡游季节。相关调查结果显示，参与该区邮轮旅游的主要游客首先是北美地区的游客，其次是英国游客，然后是德国游客。当邮轮公司在北欧开展营销活动时，会着重推出英伦岛、波罗的海、冰岛、北极和挪威北角、挪威峡湾和西欧等地的目的港口。

（一）南安普敦

南安普敦是英国英格兰南岸的海港城市，濒临英吉利海峡中的索伦特峡，在泰斯特与伊钦两河口湾之间。南安普敦地处英国南岸中心，港阔水深，以怀特岛为屏障，早在中世纪时就是重要港口。涨潮时间长，船只日平均有 7 小时可以进港。南安普敦是英国重要的远洋贸易港，也是英国主要的客运港。

南安普敦市有着丰富的历史文化遗产，这个保留着中世纪城墙的城市在漫长的海运史上起了重要的作用，其历史可以追溯到“五月花”号的起航到“泰坦尼克”号那一去不返的旅程。纵观历史，可以说南安普敦是“通往世界的大门”，现在它依然是重要的国际海运港。其车水马龙的船坞海洋村，曾主办过国际船艇展览会和国际航海比赛。对于爱好运动的人来说，南安普敦市有多种运动可以参加。水上运动尤其普遍，可以玩航海、冲浪或机动船。滑雪（干坡）、骑马和高尔夫球同样广受欢迎。

（二）赫尔辛基

赫尔辛基是芬兰的首都。从邮轮的角度来说，该市地处波罗的海的战略位置，交通便利。这里港务繁忙，旺季时，每天的离港轮渡多达 40 艘。港口靠近市中心，很具吸引力。芬兰有两个方面不同于斯堪的纳维亚半岛的其他国家：首先，语言不同，与斯堪的纳维亚半岛其他国家相比，芬兰语跟爱沙尼亚语更相似；其次，芬兰与俄罗斯接壤，使得芬兰的历史和文化不同于北欧的其他国家。芬兰的森林覆盖率高达 2/3，内陆湖面积占国土面积的 1/10。芬兰旅游局十分重视保护自然和环境，因此这里的自然风景十分怡人。赫尔辛基港是该区域的第二大母港，也是重要的邮轮停靠港（或目的地）。

（三）哥本哈根

哥本哈根是丹麦的首都。丹麦是面积最小的北欧国家。哥本哈根是北欧第三大到访港，紧随赫尔辛基。哥本哈根因其夜总会和酒吧而闻名，也是一个重要的文化旅游目的地。知名的嘉士伯啤酒厂就位于该市，这里既是旅游景点，也是生产中心，还有举世闻名的欧洲最古老的娱乐中心蒂沃利公园；港区的铜像小美人鱼是安徒生童话里的一个人物形象，如今已成为哥本哈根的标志。

（四）圣彼得堡

圣彼得堡被认为是俄罗斯最美的城市，既有历史景点也有文化景点，包括冬宫、马林斯基剧院、基洛夫芭蕾舞团的起源地、位于市郊的沙皇夏宫旧址以及俄罗斯最大的教堂圣以撒大教堂。

（五）塔林

塔林被联合国教科文组织评定为遗产名城，是爱沙尼亚的首都，是保存最完整的少数古城之一。塔林港的历史可追溯到 10 世纪，有资料表明，早在 3 500 年前，这里就有人类定居。这里景点很多，包括公园、历史建筑、宫殿和博物馆等。塔林是北欧第五大到访港口。

（六）斯德哥尔摩

斯德哥尔摩是瑞典的首都，北欧第六大到访港口。斯德哥尔摩市由一系列相互连接的岛屿组成，位于梅兰湖的一端。该市有很多旅游景点，包括博物馆、皇宫以及历史遗产。斯德哥尔摩本身对游客也极具吸引力，这里有狭窄的步行街、大型购物中心和各种美食。

北欧的旅游季节很短，因为这里的恶劣天气从晚秋一直持续到次年早春，但是，港口很受欢迎，当地人对游客也很友善。不管是穿越挪威峡湾寻觅“午夜阳光之地”，还是在苏格兰北海岸的阿伯丁等待北极光的出现，乘坐邮轮旅行的游客总会有很多难忘的时刻。

北欧的旅游目的地概况

目的地	所在国家	所在地区	流通货币	语言
南安普敦	英国	北欧	英镑	英语
赫尔辛基	芬兰	北欧	芬兰马克	芬兰语
哥本哈根	丹麦	北欧	丹麦克朗	丹麦语
圣彼得堡	俄罗斯	北欧	卢布	俄语
塔林	爱沙尼亚	北欧	克鲁恩	爱沙尼亚语
斯德哥尔摩	瑞典	北欧	瑞典克朗	瑞典语

四、南欧

在邮轮旅游方面，该区包含地中海的东部和西部，可以通过许多港口进入多个国家。地中海气候特征是夏季时间长，雨水稀少，阳光明媚，适宜度假。该区有丰富多样的旅游吸引物，包括历史景点、精致的城市景观和怡人的海滨浴场，而且都在邮轮旅游的范围之内。港口和旅游吸引物之间的距离使邮轮旅游策划者在安排该区的航程时，能最好地掌握时间，使燃油消耗最经济，还可以发挥宽口径供应网络的优势。

地中海地区很受邮轮旅游者的欢迎。游客可选择豪华游的方式游览欧洲，这里跨国界方便，语言障碍最小，并能达到预期的舒适度。对游客来说，虽然这些机场到基地港都很便捷，但是需要飞行很长距离才能登船。欧洲游客前往地中海相对比较方便。P&O 邮轮、丘纳德邮轮、撒加邮轮以及其他邮轮品牌，经营着多条从英国出发的邮轮航线。从地中海出发的其他邮轮离当地机场通常有 1～2 小时的飞行距离。重新评价地中海地区的季节可以延长平季（在旺季和淡季之间的时间）。

（一）巴塞罗那

巴塞罗那位于地中海西部，是西班牙的一个城市，已成为该区到访港。它不仅是一个重要的母港，还拥有很多旅游吸引物，因而城市本身也是一个旅游目的地。市内布满由建筑大师安东尼奥·高迪所设计的特色建筑，很多游客前往参观他未曾完成的教堂——赛格雷达家族大教堂。兰布拉斯有一条主要的步行街穿过市中心通往巴塞罗那中世纪的核心歌德区。港口为乘客提供了现代化的上下船设施和现代化的码头设施及网络服务。

（二）帕尔马

帕尔马也是位于地中海西部的西班牙城市，是马略卡岛的首府，是一座很有吸引力的城市。马略卡岛是巴利阿里群岛的一部分，位于西班牙南部海岸不远的海面。巴利阿里群岛其他主要的岛屿有伊比沙岛和米诺卡岛，它们也是邮轮停靠港。米诺卡岛是著名的度假目的地，近年来，该港口已经成为大受欢迎的航空—邮轮—逗留地旅游线路，该岛为这种产品组合提供了各种各样的度假地和住宿服务。临近海滩，到处可见具有典型西班牙风格的建筑，还有让人印象深刻的大教堂，多样化的购物选择和其他旅游吸引物也都深深吸引着游客。

（三）威尼斯

威尼斯实际上位于亚得里亚海，而非地中海。这座意大利北部城市有着悠久而动荡的历史，并且正在与自然和时间的破坏作斗争。威尼斯的环境很特别，运河众多，没有车辆。大级别邮轮经过圣马克广场，广场旁边的总督宫和长方形的大教堂等古建筑，给人一种极为震撼的视觉效果。作为一个海上贸易中心，威尼斯有着深厚的海洋文化，并且一直以海为生。其优越的终端设施能为邮轮提供抵达、离开及进入旅游目的地的优质服务。最近，有人提议修建一个潮水堤坝，以应对由城市地表下沉和海潮上升共同作用引起的洪水问题。

（四）那不勒斯

那不勒斯是一座意大利城市，处在罗马南面。这座城市被维苏威火山所笼罩，这座休眠火山给那不勒斯提供了一个最美妙的背景，也成就了该区的两个景点——庞贝古城和赫库兰尼姆。从港口很容易通往这个看起来既活跃又混乱的大城市。这里是地中海第四大到访港，次于巴塞罗那、帕尔马和威尼斯。

（五）萨沃纳

萨沃纳位于意大利北部的利古里亚区，是地中海地区的第七大到访港。嘉年华邮轮公司旗下的“歌诗达”号邮轮租赁了该市的现代化码头大厦，并充分利用这里的设施进行经营。萨沃纳位于意大利里维埃拉的心脏地带，里维埃拉有美丽的滨海小镇、壮观的海岸线以及很多其他旅游吸引物。

（六）里窝那

里窝那是意大利一个繁忙的大港，通过提供货运、轮渡和邮轮交通来服务托斯卡纳周边地区。邮轮码头距市区中心只有大约 0.3 英里的距离，闻名世界的著名城市佛罗伦萨离该港只有 55 英里。从港口也可以去海滩、著名的酒厂区（托斯卡纳以产酒闻名，其中包括我们熟悉的基安蒂红葡萄酒），还有其他小城，如比萨、卢卡、圣吉米纳诺、沃特拉和锡耶纳。

（七）杜布罗夫尼克

杜布罗夫尼克是克罗地亚一个主要港口城市。尽管在 1991—1992 年的塞尔维亚与克罗地亚战争中遭受轰炸，但这座著名的有古老城墙的城市还是得到了完好的修复，使游客能够享受街区风景。杜布罗夫尼克能给游客带来风格迥异的游览经历。城市本身就很有意思，拥有古老的城墙和堡垒、狭窄的人行道和具有重要历史意义的城镇建筑。周围的乡村和海岸线提供了丰富的地理、文化和休闲活动的混合景观。

（八）比雷埃夫斯

比雷埃夫斯是希腊的一个港口，长期作为通往雅典的门户，因此既活跃又繁忙。港湾区域范围大，能够停靠各种航运工具，如邮轮、货船、轮渡和水翼船等，这些航运工具将雅典和大陆本土与许多希腊边远岛屿连接在一起。2004 年的雅典奥运会使雅典及其周边区域的基础设施得到了极大的改善，包括比雷埃夫斯港。雅典也是邮轮游客的重要目的地。该市有很多吸引游客的名胜，包括雅典卫城、帕特农神庙等。

（九）圣托里尼岛

圣托里尼岛是一座希腊岛屿，属于爱琴海上的基克拉迪岛屿群，离比雷埃夫斯约 130 英里。站在该岛的制高点，可尽览壮丽景观，新月形的大陆一直延伸到大海。该岛原来是一座火山，火山的一部分崩塌到海底，于是便形成了现在的独特地形，故有人称其为“失落之城”。传说中的亚特兰蒂斯就位于圣托里尼岛。

（十）罗德岛

罗德岛因“玫瑰之岛”而得名，古代历史和现代海滩以及阳光假日相互交织，构成了希腊一道亮丽的风景线。“罗德”也是首府名，罗德市是一个与圣·约翰骑士会（一个宗教和军事组织，是在公元前 7 世纪为了参加圣岛战争而成立的）有密切历史联系的中世纪古城。

（十一）米克诺斯岛

米克诺斯岛是爱琴海上的另一个希腊岛屿。这个只有 1.5 万人口的小岛在夏季时会变得异常热闹—— 80 余万游客住在酒店、旅馆和其他旅游住宿设施内。米克诺斯的诱人之处在于主城镇的外观、蜿蜒的小巷、白色的建筑以及迷人的海岛风光。

米克诺斯岛的魅力以及历史和文化价值，对很多邮轮游客产生了巨大的吸引力。有的游客来这里寻找历史的印迹，有些则是来此求学和丰富自身文化内涵，还有一些是被美丽的风景和乡村所吸引的，或者是喜欢这里的气候前来休养生息。当然，有很多人来此是为了寻求所有这些特色。

南欧的旅游目的地概况

目的地	所在国家	所在地区	流通货币	语言
巴塞罗那	西班牙	南欧	欧元	西班牙语
帕尔马	西班牙	南欧	欧元	西班牙语
威尼斯	意大利	南欧	欧元	意大利语
那不勒斯	意大利	南欧	欧元	意大利语
萨沃纳	意大利	南欧	欧元	意大利语

续表

目的地	所在国家	所在地区	流通货币	语言
里窝那	意大利	南欧	欧元	意大利语
杜布罗夫尼克	克罗地亚	南欧	库纳	克罗地亚语
比雷埃夫斯	希腊	南欧	欧元	希腊语
圣托里尼岛	希腊	南欧	欧元	希腊语
罗德岛	希腊	南欧	欧元	希腊语
米克诺斯岛	希腊	南欧	欧元	希腊语

五、北美

北美有很多可供美国游客参加邮轮旅游和海外游客参加航空—邮轮旅游的出发港，在有些情况下，这些港口也是美国邮轮和邮轮公司的母港。此外，为满足游客游览文化和地理景点的需求，邮轮行程也可以从美国和加拿大的港口出发。

北美是世界上最大的邮轮市场。受国外安全问题的影响，从美国港口登上邮轮的游客数量显著增加。在世界排名前五的邮轮目的地中，迈阿密和埃弗格雷斯港分别名列第一和第二位，卡纳维拉尔位居第四，这三个港口都在佛罗里达州。通过增强其在美国的经营支持以及为合并的邮轮品牌提供网络而产生的规模经济，邮轮公司获益不少。此外，邮轮公司在经营中寻求横向和纵向的整合：在邮轮产业中，横向整合可以通过在多个细分市场上战略性地使用不同的品牌来实现；纵向整合可以通过平行经营的所有者产生协同作用并获得收益，如整合岸上观光、旅行代理商和码头经验等。

（一）迈阿密

位于道奇岛上的迈阿密是美国最为繁忙的港口。就本身而言，迈阿密是嘉年华、挪威、皇家加勒比、大洋洲等世界知名邮轮公司的母港。该港口拥有世界上最先进的设备，不同类型的邮轮可以灵活使用指定的八个停靠码头。除了接待上船的游客，该港口也为抵达迈阿密的游客提供便利，包括多种类型的长途旅游，也接待那些在迈阿密逗留一天左右的乘客。邮轮可前往许多地方，但主要是前往加勒比海域。

（二）埃弗格雷斯港

埃弗格雷斯港靠近劳德代尔堡机场，方便那些先坐飞机再乘邮轮的游客进行转换，这类游客主要去加勒比海。埃弗格雷斯港是世界排名第二的港口，接待过许多邮轮品牌，包括嘉年华、名人、歌诗达、水晶、丘纳德、荷美、帝国皇家、地中海航运、东方、公主、拉迪森七海、富豪、皇家加勒比、皇家奥林匹克、银海等。港口也提供很多岸上观光活动。

（三）卡纳维拉尔港

卡纳维拉尔港有六个邮轮码头，还有两个在建中的码头。该港口是嘉年华邮轮公司、迪士尼邮轮公司、皇家加勒比邮轮公司、斯特林赌场邮轮公司、圣克鲁兹邮轮公司、荷美邮轮公司和挪威邮轮公司的本部。该港被称为佛罗里达太空海岸，游客有机会可以去参观肯尼迪航空航天中心或进行其他活动。

（四）朱诺港

朱诺港为游客提供参观阿拉斯加季节性（5—9 月）景点的旅游服务。这里曾是一座淘金热时期的著名城市，现为阿拉斯加州的首府。作为一个邮轮目的地，游客有机会可探索该区的采矿遗址，参加户外活动，游览冰川，观看鲸鱼，体验狗拉雪橇，甚至可坐直升机参加冰川游。朱诺不仅是一个为了看自然景观而设立的出发港，还以精良的冰川艺术以及服务优良的餐饮业为荣。

（五）科奇坎

科奇坎是阿拉斯加最南端的城市。尽管平均降水很多，但仍可开展很多户外活动，包括皮划艇，远足跋涉，参观国家公园、湖泊和森林等。该市是本土文化的中心，拥有很多相关的博物馆和旅游景点。

（六）洛杉矶

洛杉矶以其丰富的旅游景点出名，包括好莱坞、迪士尼乐园和环球影视制作中心。该市的世界邮轮中心能够满足最大的邮轮的到访需求。

（七）长滩

长滩的经营规模正在快速接近其临近港洛杉矶港。嘉年华公司在这里有一个码头，很多邮轮品牌也把长滩当作出发港和母港。从该港出发的行程包括下加利福尼亚、墨西哥的里维埃拉和阿拉斯加。

（八）坦帕港

坦帕港接待的游客数量是迈阿密的 1/4。位于佛罗里达的坦帕港发展迅速，并吸引了很多顶级的邮轮品牌，包括嘉年华邮轮、荷美邮轮、皇家加勒比邮轮和名人邮轮。该港开发良好，很受游客欢迎，滨水中心城区和多种短途旅游丰富了游客的旅游经历。

北美区还有其他接待港，包括温哥华、新奥尔良、加尔维斯敦、史凯威（阿拉斯加）、纽约、新泽西、波士顿、旧金山、费城和西雅图等。由于竞争越来越激烈，加上近年的增长趋势，很多港口进入了蓬勃发展期。

北美旅游目的地概况

目的地	所在国家	所在地区	流通货币	语言
迈阿密	美国	北美	美元	英语
埃弗格雷斯港	美国	北美	美元	英语

续表

目的地	所在国家	所在地区	流通货币	语言
卡纳维拉尔港	美国	北美	美元	英语
朱诺港	美国	北美	美元	英语
科奇坎	美国	北美	美元	英语
洛杉矶	美国	北美	美元	英语
长滩	美国	北美	美元	英语
坦帕港	美国	北美	美元	英语

六、亚太地区

亚太地区主要包括大洋洲和南太平洋地区。大洋洲位于一片宽阔的海域中，包括澳大拉西亚（澳大利亚、新西兰和亚洲）以及太平洋上的群岛。该邮轮区有多种多样的选择，从充满文化活力和亚洲异域风情的港口，如印度尼西亚、马来西亚、菲律宾、新加坡、泰国、印度、越南、中国、日本、斯里兰卡和马尔代夫，到太平洋上的热带岛屿，如塔希提岛、斐济、巴布亚新几内亚、新喀里多尼亚、瓦努阿图、萨摩亚、汤加以及库克群岛。澳大利亚的悉尼、墨尔本和弗里曼特尔等城市及其独特的海岸、滨海度假地和乡村景观别具吸引力。由于《指环王》系列的成功上映，公众对故事片的关注也转移到游览故事发生地新西兰这个国家上来，这可以从到访奥克兰和惠灵顿的邮轮数量的增长情况明显地看出来。

本区主要位于南半球，所以其季节与北半球相反。因此，澳大利亚和南太平洋的夏季巡游季节从 11 月持续到次年 4 月（Mancini，2000）。随着中国和印度等新经济体的出现，这片广袤的区域很可能会持续增长，因为新的消费市场和新的相对便利的邮轮航线为这一区域带来了机遇。

（一）悉尼

悉尼是澳大利亚知名度最高的城市，尽管它不是首都。该市风景如画，拥有悉尼歌剧院、悉尼港大桥等著名建筑，这些都在新千年庆典时通过世界各大媒体进行了公开而且成功的宣传。悉尼有两个邮轮港——在环形码头的海外游客港和在达令海港 8 号码头的游客港，都很接近该市的旅游景点。

（二）奥克兰

奥克兰是新西兰北岛最大的城市，它被诗意般的海岛和美丽风光所环绕。该市虽是国际化大都市，却充满了自然气息，通往火山区、热带雨林、海滩以及城市的旅游景点的交通都很便利。这里的文化主要有波利尼西亚文化，完美体现在居民、地名、历史和该区的遗产上。

（三）斐济

斐济由南太平洋300多个岛屿组成，人口约89.3万。该群岛符合了大多数人心目中的热带海岛的典型形象：白色沙滩、珊瑚礁、多种多样的鱼群和海底生物清澈的海水，还有热带雨林和土著村落。现代化的斐济首都苏瓦有很多吸引人的购物场所、现代化的酒店、各种风格的餐馆以及适合所有游客的丰富的夜生活。

（四）新喀里多尼亚

新喀里多尼亚是一个位于澳大利亚和斐济之间的法属岛屿。该岛（其首府为努美阿）是太平洋上继新西兰和巴布亚新几内亚之后的第三大岛。该区域既受法国文化的影响，也受美拉尼西亚地区的位于太平洋区域的影响，地理背景复杂。该区充满热带特色，旅游资源主要包括颇具吸引力的沙滩、环绕该区的大泄湖、山峰以及热带雨林。

（五）香港

香港曾经受英国的殖民统治，主权已于1997年回归中国。东西方文化在此交融，焕发出迷人的活力。香港被称为“购物天堂”，实际上，香港还是充满活力、独具风格的亚洲“邮轮之都”。对于西方游客来说，搭乘邮轮游览香港是领略独特东方文化的一个特别的机会。

（六）新加坡

新加坡是由一个主岛及其周围63个小岛组成的、经济发达的国家。现代化气息、多元文化以及热情友善是新加坡引以为豪的要素。游客可在这里体验花园城市、摩天大楼、强烈的时尚感以及重视技术应用的社区。

大洋洲和南太平洋邮轮目的地概况

目的地	所在国家	所在地区	流通货币	语言
悉尼	澳大利亚	大洋洲	澳元	英语
奥克兰	新西兰	大洋洲	新西兰元	英语
斐济	斐济	大洋洲	斐济元	英语
新喀里多尼亚	法国	大洋洲	法郎	法语
香港	中国	东亚	港元	中文、粤语和英语
新加坡	新加坡	东南亚	新加坡元	中文、英语、马来语、闽南语和粤语

七、其他邮轮目的地

前面是对邮轮旅游区的简要描述，当然，这种描述是不完整的，因为仅仅是从邮轮航线选择的层面进行描述，毫无疑问，进一步的研究还将会揭示出许多本章未提到的但在邮轮航线中仍占有一定地位的一些目的地。

此外，到目前为止，还有一些值得重视的目的地，由于篇幅问题未能详述，如非洲和非洲近海的岛屿，如加那利群岛、毛里求斯和塞舌尔；南美洲的一些目的地也具有明显的吸引力和丰富的旅游吸引物。下面将提到这些区域的一些港口，以提升对这些港口潜力的关注度。

（一）大西洋群岛

一系列重要的火山岛是北半球邮轮航线的一部分。这些岛屿或群岛包括加那利群岛、马德拉群岛和亚速尔群岛等。尽管加那利群岛的特尼里弗、兰萨罗特、大加纳利、富埃特文图拉是西班牙管辖的岛屿，但它们在欧盟的司法管辖权之外，这就意味着在欧盟注册的邮轮可在此售卖免税酒。在欧盟注册的邮轮，如果其航线中的目的地或港口属于欧盟成员国，则不能销售免税酒。马德拉群岛和亚速尔群岛是葡萄牙的海岛。加那利群岛相对靠近北非海岸线，全年气候温和；马德拉群岛的气候与加那利群岛相似，是颇受邮轮游客欢迎的邮轮目的地。在这里，游客可以享受清新迷人的自然风光。亚速尔群岛则具有不同的风格，宁静而且相对偏远。对于横渡大西洋的邮轮来说，这些岛屿曾经是很便利的停靠点，但是由于邮轮后勤保障能力的提高，降低了对这些岛屿的依赖，因而停靠这些岛屿的频率也降低了。

（二）里约热内卢

一提到里约热内卢这个巴西的重要城市，就会让人联想到闻名于世的、位于科科瓦多山顶的、俯瞰整个里约热内卢市的基督像。科帕卡巴纳沙滩和依帕内玛沙滩是游客和当地人最喜欢的娱乐场所之一。里约热内卢是巴西人民热情奔放的代表，这在他们的音乐、舞蹈和节目中展现得淋漓尽致。

（三）布宜诺斯艾利斯

布宜诺斯艾利斯是阿根廷的首都，拥有广为人知的历史。布宜诺斯艾利斯的建筑遗迹具有明显的欧洲风格，主要受英国、法国、意大利和西班牙的影响，其博物馆、剧院和美术馆的建筑风格则受当地文化的影响更多一些。

（四）加拉帕戈斯群岛

加拉帕戈斯群岛是太平洋上厄瓜多尔群岛的一部分。尽管大部分都是贫瘠之地，但由于其独特的生态系统，这些小岛依然备受欢迎。这里的水很冷，但因位于赤道，所以陆地和海洋生物种类繁多，大海龟、海洋鬣蜥、企鹅和海狮等本土动物天生不怕人。这里的生态环境极为脆弱和敏感，过往的邮轮和旅客需极度小心，才能把旅游对该地环境的影响降至最低。

（五）开普敦

开普敦是南非的首都，位于来自大西洋的暖流和北上寒流的交汇处。开普敦是天然良港，是一个优秀的旅游目的地，游客在这里有很多选择，包括风景优美的桌山、著名的葡萄园和海滩。

（六）塞舌尔群岛

印度洋上的塞舌尔群岛是风光旖旎的美丽群岛。洁净的沙滩、清澈的海水、高大的棕榈树、花岗岩点缀的海滩，使得塞舌尔成为一个休闲邮轮停靠港。由于远离大陆，这些岛屿上的动植物都很独特。邮轮游客更喜欢去其主岛马希游览观光。

（七）巴拿马运河

巴拿马运河本身不是一个游览目的地，但因为它是连接大西洋和太平洋极为重要的通道，对游客来说，通过运河也是一次很特别的经历。1914 年，第一批船舶通过这条运河，从那以后，经营权一直被美国所控制，直到 1999 年才归还巴拿马政府。为调整不同海域和运河的水位，巴拿马运河设有三个水闸，通常，船只从运河的一边到另一边需要花 8～10 个小时。运河上航行的船只最宽不能超过 32.3 米，吃水深度不能超过 12 米，船长不能超过 394.1 米。

（八）苏伊士运河

苏伊士运河于 1869 年开始运营，是连接地中海和印度洋的通道。通过这条捷径，船只可以避免绕道好望角所产生的危险和长距离航行。自运河开始运营以来，除偶尔在战时关闭外，该运河已经成为世界上最重要的商道之一。运河可通航最高吨级为 15 万 GRT，但船舶的吃水深度不能超过 15 米。

世界其他邮轮目的地概况

目的地	所在国家	所在地区	流通货币	语言
加纳利	西班牙	大西洋	欧元	西班牙语
马德拉群岛	葡萄牙	大西洋	欧元	葡萄牙语
亚速尔群岛	葡萄牙	大西洋	欧元	葡萄牙语
里约热内卢	巴西	南美洲	雷亚尔	葡萄牙语
布宜诺斯艾利斯	阿根廷	南美洲	阿根廷比索	西班牙语
加拉帕戈斯群岛	厄瓜多尔	太平洋	苏克雷	西班牙语
开普敦	南非	非洲	兰特	祖鲁语和英语

续表

目的地	所在国家	所在地区	流通货币	语言
塞舌尔群岛	塞舌尔	印度洋	塞舌尔卢布	法语和英语
巴拿马运河	巴拿马	南美洲	美元	西班牙语和英语
苏伊士运河	埃及	非洲	埃及镑	阿拉伯语

思考与练习

1．世界主要的邮轮区有哪些？

2．气候对邮轮有何影响？

第四章
航程设计

- 学习目的

1. 了解邮轮航程设计的原则。
2. 了解国际邮轮的主要航线。
3. 掌握如何设计邮轮航程。

第一节　航程设计的原则

航程设计对邮轮公司而言是一项富有挑战性的工作，为了使邮轮公司获得良好的经济效益，在进行航程设计时应遵循以下原则。

一、航线的创新性

邮轮公司不能把眼光仅瞄准那些成熟的航线，还应该不断开辟新航线，以吸引更多的游客。如亚洲只有短程航线，没有远程航线，据此，丽星邮轮公司可以设计新加坡至澳大利亚、新西兰的航线，歌诗达邮轮公司可以开辟中国上海、韩国至符拉迪沃斯托克、库页岛的夏季航线，以填补亚洲长线邮轮航线的空白。

二、航线的科学性

根据旅游目的地和邮轮停靠港的吸引因子分析，航线上的停靠港必须具备一定条件。

三、航线的合理性

合理的航线应充分考虑季节因素对观光景点、海上安全、物质补给等方面的影响，航行时间与岸上观光时间的最佳配置，航程的精确与成本的节约，游客的体验与满意度，等等。

第二节　航程设计要素与评估

决策总是复杂的，而且要考虑很多实际因素。对于已经形成一定影响力的邮轮品牌来说，可通过积累经验和根据众所周知的可靠因素设计航线。对于邮轮来说，可根据访问港口的经历创建一个有关目的地的知识库，这有助于确保航程规划的有效性，确保所规划的产品具有较高的质量。对于停靠港来说，可以使代理商、港口官员、承包商、旅游组织、当地居民与到访邮轮及其游客建立良好的关系。

根据 Lloyd's（2003b）的资料，银海等邮轮公司通过把利益相关者组成一个大的团队来设计航程。这个团队包括船长、销售小组和游客。对游客进行的问卷调查要足够细致全面。公司采取折中方法设计航程，以反映游客不断发展变化的需求和欲望。因此，设计航程时，不仅要考虑到有飞行恐惧症的人，而且新港口的选择也要确保航程不至于太保守或者缺乏冒险性，同时也要设计一些陆上活动以及航海或停留期间的节目，游客期望的一些细节也要列入方案之中。为满足游客的期望，还可适当创造特殊时刻，安排有特殊意义的活动。例如，银海邮轮公司重点关注奢华市场，会经常安排独特的有声誉的活动，如在圣彼得堡博物馆进餐，或者在悉尼歌剧院欣赏个人歌剧。

设计航程还需要考虑补给船（用补给船把游客摆渡到岸边）等实际问题。受各种因素的影响，许多游客不太喜欢这种补给船。有些游客认为，这种方式延长了登陆时间而缩短了岸上游玩时间；有些游客则认为，这是一种令人担忧的不受欢迎的运输方式。但从乐观角度出发，这种摆渡方式可以丰富游客的经历。从一艘大型邮轮到一只人工补给船，游客有机会从独特的视角体验不同的运输方式。

出于对邮轮航线的重视，对目的地分析应是战略性的。也就是说，航线设计关系到公司的长远目标和持续竞争优势的创造。因而，目的地对目标市场的战略评估的恰当性以及为设计一条实用的航线及其构成要素而进行的基础数据调查显得十分必要。分析也会影响战术决策，可以为总体战略的制定提供更多中期参考，例如因出现新问题或风险提高而改变航线。

邮轮公司可以从不同角度对目的地进行分析，例如，可以从旅行社、旅游经营商或者邮轮公司等角度评价旅游目的地。在这个意义上，可以把这种分析分为内部分析和外部分析。内部分析反映诸如优势、劣势、核心竞争力（指企业做得最好的独特方面）、有形资源和无形资源（如厂房、股票、技能和品牌名称等自然实体）以及金融方面等信息；外部分析是对研究区域的外部进行考察，包括机遇和威胁两方面。

对目的地的全面分析还要考虑经济因素如利润回报率的最大化，或者为深度理解目的地而进行的社会学透视。前者更加注重以务实的方式分析企业面临的机遇和挑战，而后者意在挖掘其重要的社会和文化价值，社会和文化价值尽管重要，但从其自身来看，比较难以理解（这些信息只对具备专业知识的专业人士才有用）。

第三节　主题邮轮定制

为了扩大客源，开展包船服务，获得良好的经济效益，邮轮公司会为客户定制主题邮轮以满足客户需要。根据歌诗达邮轮公司的销售统计，2011 年歌诗达“经典”号邮轮实现 10 个包船航次，占总开航比例的 30%左右，2012 年该公司的邮轮包租数量亦有所增加。皇家加勒比邮轮公司的情况也是如此。2011 年 8 月，仅皇家加勒比旗下“海洋神话”号邮轮就运营了 5 个不同形式的包船航次。

随着主题旅游、定制旅游观念的逐步普及，2011 年邮轮公司、旅行社、邮轮港口结合游客的需求打造出了各种形式灵活的主题邮轮产品。如舟山以“千岛情、宝岛情”为主题开出了对台直航航线，北京青年旅行社承包了“端午日韩之行”的主题包船，都进一步证明了主题邮轮是培育我国邮轮客源市场的重要突破点，在近期内主题邮轮将有更广阔的发展空间。

一般来说，邮轮定制主要面向以下几种类型的活动。

一、新闻发布会

为世界各大公司举行新产品和新技术的新闻发布会。

二、庆典活动

为奥运会、世界杯足球比赛、世界大型电影节的庆典活动制定主题，也可为国家和城市的庆典制定主题。如俄罗斯圣彼得堡城三百周年庆典，俄罗斯总统普京就在银海邮轮公司的“银啸号”邮轮上招待各国首脑。

三. 商务会议

包括商务谈判、商务旅游主题的制定。

四、青少年夏令营主题

举行青少年航海夏令营、青少年科考夏令营等活动。

五、婚礼

邮轮公司征集新婚夫妇在邮轮上举办海上婚礼。

六、夕阳红主题

征集老年人参与夕阳红之旅。

第四节　世界著名邮轮公司的航程介绍

一、丽星邮轮公司

（一）香港（2日1夜）

执行邮轮：“双鱼星”号。

香港是亚洲极具动感的时尚名都，是亚洲的贸易、金融、航运中心之一，也是东西方文化的大熔炉。赤鱲角国际机场到现代化高楼大厦到五光十色的购物中心到路边小食档，香港是独一无二的声、色、味大荟萃。这里不仅是一个国际购物天堂，更是食客们的人间乐土。

香港的美丽，可以用艳丽来形容，她犹如一个妖艳的贵妇，漂亮得无可挑剔，风情万种，让人有一种按捺不住的激情、想花钱的冲动和追逐享乐的欲望。

香港鸟瞰图

香港是自由港，绝大多数商品没有关税，世界各地的奢侈品在这里云集，有些比原产地还便宜。香港各区都有大型购物中心，如太古城、沙田新城广场等，商场有各类商品和食肆以及娱乐设施，是购物和休闲的好去处。

香港美食以结合中西餐饮文化的精髓而著称，食材丰富、品种繁多。由于融合众多不同饮食文化的特质，加上对饮食品质的精益求精，令香港成为一个不折不扣的美食天堂。香港人最注重的就是煲汤养生，香港人煲汤之精细、材料之丰富是出了名的，游客绝不能错过品尝各种美食的好机会。

香港热门景点有：迪士尼乐园、维多利亚海湾、海洋公园、星光大道、兰桂坊、浅水湾、尖沙咀等。

香港迪士尼乐园

香港的游览项目有：

1）在尖沙咀、中环观光购物（九龙商业中心）；

2）在太平山赏夜景；

3）在迪士尼乐园寻找记忆中的童年；

4）在浅水湾浪漫戏水；

5）在海洋公园与热带鱼亲密接触。

（二）马六甲海峡之旅（6日5夜）

航线：新加坡→槟城→普吉岛→兰卡威→马来西亚马六甲→巴生港→新加坡港。

执行邮轮："处女星"号。

在新加坡搭乘丽星邮轮"处女星"号，徜徉于东南亚海域蔚蓝的美丽景色中，体验无拘无束的海上行程。"处女星"号将引领游客到全新的世界，去感受异国情怀，领略缤纷多彩、魅力万千的东南亚景致。

在6日5夜的快乐假期里，"处女星"号将带领游客遨游安达曼海和马六甲海峡，到访阳光普照的洁净沙滩、神秘岛屿，享受热情迷人的热带风情和绚丽多姿的异国情调。放开心胸，尽情徜徉于美丽景致之中，沉浸在闪闪发光的潋滟水波之中，探访奇特有趣的市集，纵情地购物并遍尝当地的美味佳肴。

"处女星"号沿途停靠各港口，游客可自由选择喜欢的港口上岸观光。马六甲横跨数个世纪的欧洲统治渊源，造就了这座古城独特的生活习俗和文化遗产。这里屹立着历史悠久的远古建筑和景点，是马六甲最值得自豪的历史轨迹。

时　间	目的地	抵　达	离　港
第1天	新加坡（新加坡）		12：00
第2天	槟城（马来西亚）	11：30	19：30
第3天	普吉岛（泰国）	7：00	18：00
第4天	兰卡威（马来西亚）	8：00	18：00

续表

时间	目的地	抵达	离港
第 5 天	马六甲（马来西亚）	7：00	20：00
第 6 天	巴生港（马来西亚）	8：30	16：00

槟城

槟城，亦称槟榔屿、槟州，是马来西亚十三个联邦州之一，位于马来西亚半岛西北侧。槟城被槟城海峡分成两部分：槟岛和威省。威省的东、北部与吉打州为邻，南部与霹雳州为邻；槟岛西部隔马六甲海峡与印尼苏门答腊岛相对。光大中心为槟城著名地标。它是马来西亚的重要港口，是继首都吉隆坡和南方贸易门户新山市之后的全国第三大城市，也是马来西亚第二小的州属槟城州（但是华人人口最多的州属）的首府。

槟城以槟榔树而得名，并有“印度洋绿宝石”之称，既有美丽的海滩与原野风光，又有众多的名胜古迹。槟城也被称为美食天堂。游客到达槟城，可以游览升旗山、极乐寺、植物园、蛇庙等旅游景点。

槟城

普吉岛

普吉岛是泰国南部岛屿，位于泰国南部马来半岛西海岸外的安达曼海。首府普吉镇地处岛的东南部，是一个大港口和商业中心。普吉岛是泰国最大的海岛，也是泰国最小的一个府，以其迷人的风光和丰富的旅游资源被称为“安达曼海上的一颗明珠”。普吉岛自然资源十分丰富，有“珍宝岛”、“金银岛”的美称。

普吉岛的旅游观光业从 1970 年开始逐渐兴起，是东南亚具有代表性的旅游度假胜地。岛的西海岸正对安达曼海，那里遍布原始洁白的沙滩，每个沙滩都有各自的优点和魅力，白色的海滩，奇形异状的石灰礁岩，以及丛林遍布的山丘，每年都吸引了大量旅客。

这里遍布海滩和海湾，有以清净著称的卡马拉海滩，有私密性风格的苏林海滩，有经常举行海上运动的珊瑚岛，还有夜生活较丰富的芭东海滩等。岛上还有很多山，游客可以在岛上乘坐出租车和摩托探险，也可以潜水和乘坐游艇出海。

普吉岛

兰卡威岛

兰卡威（又译朗卡维，浮罗交怡）度假海岛是马来西亚最大的一组岛屿，由99个多石灰岩岛屿组成，位于槟榔屿的北方，地理位置接近泰国。

兰卡威岛上旅游资源十分丰富，有巨鹰广场、兰卡威传奇公园、珊瑚岛、孕妇湖、瓜埠、吉林河、七仙井、Durian Perangin瀑布群、传奇洞、丹戎鲁岛、玛苏丽陵墓等。巨鹰广场是兰卡威最具代表性的神奇建筑。远远望去，只见一只褐红色的巨鹰耸立在空旷的广场上，站在数米高的石塔，张开着巨大的翅膀，桀骜不驯的傲然姿态，仿佛下一秒便要冲上云霄，展翅翱翔，令人震撼。巨鹰那凛冽傲然的姿态，象征着兰卡威未来蓬勃发展和欣欣向荣的景象，因此受到当地人的敬仰和爱护。广场周围还有宁静的湖泊、美丽的喷泉和富有诗意的小桥等，置身其中，仿佛进入一个难以言喻的静谧境地，令人神往。到了夜晚，巨鹰便换上了耀眼的衣裳，全身发出夺目的亮光，为广场迷人的夜景增光添彩。

瓜镇是兰卡威的主要城镇，也是岛上的主要购物区，在海湾的沿岸有很多商店都出售各种免税商品，特别是啤酒和巧克力，十分便宜。

兰卡威巨鹰广场

马六甲

马六甲是马来西亚历史最悠久的古城，也是马六甲州的首府。它位于马六甲海峡北岸，马六甲河穿城而过。该城始建于 1403 年，曾是马六甲王国的都城，1511 年沦为葡萄牙殖民地，1641 年为荷兰占据，1826 年成为英国海峡殖民地的一部分。马来西亚第一位首相拉曼在 1956 年 2 月 20 日宣布马来西亚独立，其仪式就是在马六甲的草场上举行的。

旅游业及制造业是马六甲州的两大经济支柱。马六甲的口号为“观光马六甲就如观光马来西亚”，她有丰富的文化遗产及许多历史古迹，如马六甲行政中心、圣保罗教堂、马六甲博物馆、青云亭、三宝山等。

同时，马六甲还以美食闻名世界，融合了浓厚的中国、马来西亚、葡萄牙、荷兰及英国等诸多地域的味道，十分特别。

马六甲

巴生港

巴生港是马来西亚的最大港口，地理位置优越，位于马六甲海峡，是远东至欧洲贸易航线的理想停靠港，因此在航运市场中具有明显的竞争优势。巴生港设有自由贸易区，其腹地广阔，产业发达，已发展成为区域性的配发中心。

巴生港

二、皇家加勒比邮轮公司

亚洲风景览胜之旅（5日6夜）

航线：中国上海→韩国釜山→日本福冈→韩国济州岛→中国上海。

执行邮轮："海洋航行者"号。

时 间	目 的 地	抵 达	离 港
第1天	中国上海		23：00
第2天	海上休闲游		
第3天	韩国釜山	7：00	18：00
第4天	日本福冈	7：00	18：00
第5天	韩国济州岛	7：00	18：00
第6天	中国上海	11：00	

乘皇家加勒比邮轮公司的"海洋航行者"号从上海出发，次日是海上巡游，游客可以欣赏浩瀚壮阔的太平洋，体验太阳从海平线缓缓升起的美丽瞬间，明媚的阳光在碧波上荡漾，仿佛将永远地定格。盛大的晚宴将在海上举行，从午夜到早晨连续不断地供应各种美食。7点到达朝鲜半岛最大的国际港口釜山。

釜山

釜山地理位置优越，位于韩半岛东南端，是韩国第一港口。除是一个天然良港以外，在其海岸线上还有很多优质的沙滩和美丽的海滨风景；城市的周围被连绵的群山所环抱，城市中温泉星罗棋布。无论是它的山川景色还是它的海洋风光，釜山都是旅游观光的理想之地。

釜山市最主要的旅游区域和观光点有：海云台海水游乐场和太宗台游园地、五六岛、金井山城、梵鱼寺（为韩国最大的五座佛教寺庙之一）、联合国公墓（也是世界上唯一的联合国公墓，用以纪念在朝鲜战争中死去的联合国军人），等等。釜山的海产品和海滩都非常著名，还有众多的岛屿，旅游资源十分丰富。尽管其国际化的程度尚不如首尔，但其著名的海水浴场、美丽的山峦、古老的寺庙和丰富多彩的海滨娱乐活动和当地风格独特的饮食文化都使其成为韩国最吸引游客观光和度假的旅游胜地。

釜山夜景

福冈

福冈县位于日本列岛西部、九州北部，是九州岛上最大的县，是九州政治经济文化的中心。东与山口县相对，西界佐贺县，南邻大分县和熊本县，北面与朝鲜半岛相对。三面临海，交通发达。因靠近朝鲜半岛和亚洲大陆而被称为“亚洲的大门”。福冈自然环境优美，是进行享乐旅游、徒步旅行等野外活动的好地方。

到福冈旅游，有几处是必去的：福冈塔、福冈巨蛋、博多运河城、天神、福冈市美术馆。同时，福冈市内散布着许多寺庙和神社，有从博多车站步行可到的圣福寺、东长寺，因博多代表性祭典“博多只园山笠”而闻名的博多总守护神庙“栉田神社”，还有在每年1月举办“抢球神事”、10月举行“放生会”的筥崎宫等，非常吸引人。

福冈

济州岛

济州岛是韩国最大的岛屿，又叫耽罗岛、蜜月之岛、浪漫之岛。位于东海，在全罗南道西南100公里，面积1 825平方公里，包括26个小岛。岛形椭圆，由火山物质构成。数以百计的丘陵、滨海、瀑布、悬崖和熔岩隧道吸引着世界各地的游客。

济州岛是由火山喷发而形成的，地貌十分奇特，处处岩浆凝石，加上四面环海，沿海的奇岩和瀑布、白沙场以及小岛等，都显示着海滨的天然美景。

济州岛

山君不离是一处周长超过 2 公里的火山口，位于济州市东南面的平地上，直径 650 米，深 100 米，周长达 2 070 米。从空中看山君不离，就像一个人工建造的圆形体育场。这里的植物种类十分繁多，北面生长着温带树木（红刺树、红楠）和珍贵植物冬草莓。火山口的南面是典型的温带林（枫树、四照花等）。在火山口有限的空间内还生长着各种不同性质的树木。山君不离上有用石块堆砌而成的入口、石潭、火山口等许多可供观赏的景致。

汉拿山巍然耸立于济州岛的中部，海拔 1 950 米，是济州岛的象征，又称瀛州山，意思是山高得可抓住银河。汉拿山上生长着各种植物，有很高的学术价值，1970 年被定为国立公园，周围分布着 386 座寄生火山。汉拿山四季各有特色，景色随着季节的变化而变化，在山顶可一眼望尽西归浦海岸的美丽风光。

位于济州岛北部海边的龙头岩，是 200 万前年熔岩喷发后冷却形成的岩石，高 10 米，长 30 米，看上去像是在龙宫生活的龙欲飞上天时突然化作石头一般。正是由于岩石一端颇似龙头，故得名龙头岩。这里也有个传说，讲一条龙想升天，但最终未能如愿，所以岩石只剩下了龙身体的部分，而龙头在台风时被雷电击落了。从龙头岩向东约 200 米有一处龙池，据说是龙嬉游之地，因而得名龙池，池水清澈见底。

除了美丽的自然景观，济州岛上还有各种民俗文化村、主题公园和博物馆，游客在欣赏的同时也能深深地体会济州岛的民俗风情。

三、银海邮轮公司

（一）神秘浪漫的欧洲之旅（7 日 6 夜）

航线：雅典→科孚岛→杜布罗夫尼克→特罗吉尔→科佩尔→威尼斯。

执行邮轮："银啸"号。

乘坐五星级奢华银海邮轮——"银啸"号，游客可从中感受到与众不同的尊贵享受：全海景及阳光套房，一价全包式的完美假期，24 小时全天候在岗的名厨，精品酒水饮料，一对一专属管家服务，丰富的娱乐活动，免费的岸上观光活动。以海为伴，尽情挥洒假日时光，获得非凡的体验，每次靠岸当地都会有盛大的欢迎仪式。

时　间	目的地	抵　达	离　港
第 1 天	雅典（希腊）		23：00
第 2 天	享受航海日		
第 3 天	科孚岛（希腊）	9：00	19：00
第 4 天	杜布罗夫尼克（克罗地亚）	8：00	23：00
第 5 天	特罗吉尔（希腊）	8：00	19：00
第 6 天	科佩尔	8：00	19：00
第 7 天	威尼斯（意大利）	8：00	

雅典

雅典是希腊的首都，位于巴尔干半岛的南端，三面环山，一面傍海。雅典对欧洲及世界文化曾产生过重大影响，自古就有“西方文明的摇篮”之美誉。

雅典是用智慧女神雅典娜的名字命名的历史古城，相传在古代希腊，智慧女神与海神波塞冬为争夺雅典保护神的地位，相持不下，后来天神宙斯决定，谁能给人类一件有用的东西，雅典城就归谁。海神赐给人类一匹象征战争的战马，而智慧女神则献给人类一棵枝繁叶茂、果实累累的象征和平的油橄榄树。人们渴望和平，不要战争，结果这座城归了智慧女神雅典娜，从此她成了雅典的保护神，城市亦因其得名，后来人们把雅典视为“酷爱和平之城”。

雅典帕特农神庙

雅典是驰名世界的文化古城，曾创造了辉煌的古代文明，许多珍贵的遗产保留至今，构成了世界文化宝库的一部分。雅典在数学、哲学、文学、建筑、雕刻等方面曾取得巨大成就，喜剧作家阿里斯托芬，悲剧作家索福克里斯，哲学家苏格拉底、柏拉图、亚里士多德都曾在这里从事研究和创作活动。

雅典的著名建筑都坐落在市内的三座山上，有国家图书馆、雅典科学院、雅典大学、天文台、王宫，还有举世闻名的帕特农神庙。帕特农神庙有“希腊国宝”之称，是人类艺术宝库中一颗璀璨的明珠。1687 年威尼斯人与土耳其人作战时，炮火击中了神庙中的一个火药库，炸毁了神庙中部，现仅存一座石柱林立的外壳。

科孚岛

科孚岛是一座面积为 600 平方公里的岛屿，长 60 公里，宽约 30 公里。岛上风景非常优美，迷人的海滩，罕见的自然景点，低矮翠绿的小山，散布全岛的城堡、修道院，70 多个景点使科孚岛的美丽令人难以抗拒。科孚岛被橄榄树覆盖，并有柠檬、柑橘、葡萄等来自大自然的恩赐。拜占庭式建筑和威尼斯式建筑鳞次栉比，和遍布的绿色交相辉映。两座大教堂分别安置着圣徒圣斯皮里宗的遗体和圣代托拉瓦·古斯托没有头的遗体，每年有四次托着圣斯皮里宗遗体游行的祭祀活动举行。

这里还有 1891 年奥地利王后伊丽莎白修建的宫殿阿里希宫，伊丽莎白王后在失去儿子后隐居在这里。

杜布罗夫尼克

杜布罗夫尼克是克罗地亚东南部海港，也是当地最大的旅游中心和疗养胜地，被誉为“亚得里亚海明珠”和“城市博物馆”。这里风景绮丽，依山傍海，气候宜人，森林茂盛，是具有中世纪风貌的古城。城墙上修建了很多角楼和炮楼，城内有保存完好的 14 世纪的药房、教堂、修道院、古老华丽的大公宫及壮观的钟楼。沿着山坡分布着一排排红瓦小房，风格各异。这座城市是欧洲中世纪建筑保留最完好的城市之一，1979 年联合国教科文组织将该市列入《世界文化遗产名录》。

新城建于中部海滨地区，有现代剧院、富丽皇堂的旅馆及其他旅游设施。这里的岛屿星罗棋布，林木茂盛，海水清澈，阳光充足，是旅游者向往的圣地。它还以艺术珍藏丰富和文化发达驰名，有“斯拉夫的雅典”之誉。在每年一度长达 45 天的“杜布罗夫尼克之夏”戏剧节上，会上演国内外众多的古典戏剧等精彩节目。

杜布罗夫尼克

特罗吉尔

特罗吉尔被称为“希腊的心脏”。从城市的外观可以清楚地看到这座岛城社会、文化发展的脉络—— 几乎等同于希腊罗马的城市布局：中世纪的防御城堡，仿罗马式的教堂，威尼斯式、哥特式、文艺复兴式与巴洛克风格的宅邸在狭窄的中世纪街道旁交错，外围环绕着宽阔的滨海大道。1997 年特罗吉尔被联合国教科文组织列入《世界文化遗产名录》。它是整个中欧保存得最完整的古城，且很难看到现代文明对它的影响，每一处城市风景都有它的社会文化历史蕴含其中。

科佩尔

科佩尔海港地处欧洲腹地，具有理想的地理位置，它位于远东地区经由苏伊士运河到中欧和东欧的最短的海上通道，是进出口欧洲各类货物的核心集散地，除为斯洛文尼亚本国提供港口服务之外，奥地利、匈牙利的绝大部分海运货物都通过科佩尔的港口登陆。该城有建于中世纪的教堂、钟楼和哥特式走廊，精巧而和谐。

威尼斯

威尼斯是一座美丽的水上城市，它建筑在最不可能建造城市的地方——水上，威尼斯的风情总离不开水，蜿蜒的水巷、流动的清波，就好像一个漂浮在碧波上的浪漫的梦，诗情画意久久挥之不去。

这里的建筑方法，是先在水底下的泥土上打下大木桩，木桩一个挨着一个，这就是地基，然后在上面铺上木板，再就是盖房子，这里的房子无一不是这样建造的，所以有人说威尼斯城上面是石头，下面是森林，当年为建威尼斯城，意大利北部的森林几乎被砍伐殆尽。

这个不到 8 平方公里的城市，却被蛛网密布的运河割成 100 多座小岛，岛与岛之间只凭各式桥梁错落连接，游客初来此地很容易就会迷失在这座水城中，好在有大运河呈 S 形贯穿整座城市，沿着这条号称“威尼斯最长的街道”可以饱览威尼斯的精华，各式船只穿梭其中。

威尼斯城古迹甚多，大大小小 120 座教堂各有特色，有哥特式、文艺复兴式，还有巴洛克式等。另外还有依水而建的 120 座钟楼、64 座修道院、40 多座宫殿，都隔河相望，十分别致。威尼斯的房屋建筑风格各异，房屋的门窗、走廊上雕刻着精美的图案和花纹。夜间泛舟游览威尼斯，别有一番情趣，每年有成千上万的游客来此，感受她的美丽、温馨和浪漫。

威尼斯

（二）彩虹国度南非之旅（11 日 10 夜）

航线：路易港→图利亚拉→理查德湾→德班港→伊丽莎白港→开普敦。

执行邮轮：“银风”号。

时　间	目 的 地	抵　达	离　港
第 1 天	路易港（毛里求斯）		18：00
第 2 天	享受航海日		
第 3 天	享受航海日		
第 4 天	图利亚拉（马达加斯加）	8：00	14：00

续表

时　　间	目 的 地	抵　　达	离　　港
第 5 天	享受航海日		
第 6 天	理查德湾（南非）	8：00	
第 7 天	理查德湾（南非）		22：00
第 8 天	德班港（南非）	8：00	13：00
第 9 天	伊丽莎白港（南非）	2：00	19：00
第 10 天	享受航海日	9：00	23：00
第 11 天	开普敦（南非）	5：00	

毛里求斯

毛里求斯是印度洋南部的一个面积为 1 865 平方公里的小岛。这个岛由火山熔岩形成，四周均是珊瑚礁。岛上有连绵的山脉、清澈的河流、潺潺的小溪和飞泻的瀑布。这里气候宜人，风景秀美，马克·吐温甚至赞美说“上帝先创造了毛里求斯再创造了伊甸园”。

毛里求斯最著名的景点是由火山喷发而形成的，一大片小丘陵周围寸草不生，上有七种颜色，被誉为“地上彩虹”。另一个好去处是培乐斯山庄主题公园，园内模拟了古代毛里求斯人生产糖的全过程，从甘蔗压出蔗汁，再加工成糖浆，接着结晶为糖，整个生产过程简单地呈现在人们面前，让人大开眼界。

毛里求斯是个未受污染的小岛，海产特别丰富，如马林鱼、鲜吞拿鱼、烟剑鱼和龙虾，其中烟剑鱼十分出名，鱼质跟三文鱼相似，但颜色偏红。

岛上全年盛产色彩缤纷的新鲜蔬果，著名的食物有鹌鹑沙拉配草莓果汁、芒果椰子鸡胸卷等。当地人很喜欢喝一种甘蔗酿的朗姆酒，这种酒很容易醉人。

路易港位于毛里求斯岛西北海岸，它不仅是全国的政治、文化和经济中心，同时也是最大的海港。路易港可以说是东西方文化融汇的城市，殖民时期法国人建造的炮台，英国人建造的阿德莱德堡垒，还有古老的邮局、银行大厦、老剧场以及博物馆，保存完好。在自然博物馆，我们可以看到渡渡鸟的故事。渡渡鸟状如火鸡，曾经生活在岛上，200 多年前，它已经被殖民者捕杀殆尽，如今我们只能看到它的骸骨，它可以让人们驻足回味毛里求斯的历史。

路易港

马达加斯加

马达加斯加是非洲第一大岛、世界第四大岛屿，岛上河流密布，还有壮观的瀑布。岛上存有许多世界上其他地方早已绝迹的珍禽异兽，因此被称为“活化石的土地”。

图利亚拉的猴面包树

马达加斯加的养牛业世界闻名，这里到处是牛，是世界上人均拥有牛的数量最多的国家。这里的牛背上都长着高而肥大的峰，形似骆驼，故名为“驼峰牛”。西部和南部沿海地区是一望无际的热带草原，这里人烟稀少，人们经常会看到长达数千米的牛群，场景蔚为壮观。

马达加斯加最著名的植物是旅人蕉，当地人称之为“旅行家树”或“水树”。亭亭玉立的旅人蕉，被马达加斯加人誉为国树，它象征着马达加斯加人富有坚强意志的民族精神。

图利亚拉是马达加斯加第五大港口，位于马达加斯加西南沿海地区，面临莫桑比克海峡。南回归线海岸穿越这片地区，一年四季干旱炎热，这里的风貌符合世人对非洲的所有想象：一望无垠的草原，稀疏的灌木，高大的猴面包树孤独地矗立，巨大的仙人掌和更多说不上名字的奇怪的针刺类植物，当然还有皮肤黝黑头发卷曲一笑一口白牙的原住民……引用法国旅游杂志对这片地区的评述就是“大自然的鬼斧神工打造了这片广阔的滨海土地，神奇富饶的海洋包围着它”。原始的风貌、各式各样的植物、奇特的自然景观，美不胜收。

南非

在为期 11 天的南非之旅中，银海邮轮“银风”号将从毛里求斯的路易港启程，经过图利亚拉依次抵达理查德湾、德班港、伊丽莎白港，到达南非的开普敦港。游客将在这条航线中体验到动人心弦的天然美景和南非的原始生态。在南非，游客不仅能看到钻石、黄金和野生动物，还可以领略到彩虹之国的美丽、富有和玄妙。

南非被大西洋和印度洋紧紧拥抱，盛产黄金、钻石。在这里，野生动物是人类的伙伴，壮丽的美景无处不在，追求自由是这里的信仰，大量的世界遗产让人流连忘返，而且这里还有被称为“非洲之傲”的豪华旅游列车。

南非自然风光绮丽多姿，人文历史丰富灿烂，素有“游览一国如同环游世界”的美誉。这里既有现代化的基础设施、世界一流的酒店和豪华的花园别墅，又有最原始的部落风情。

南非的旅游景点主要集中在东北部和东南沿海地区，拥有各种风景，可以满足不同需求的游客，其中生态旅游和民俗旅游是南非旅游业两大主要经济增长点，在南非众多的旅游景点中，有 15 个景点最为吸引外国游客，如好望角、克鲁格国家公园、德班海滩、约翰内斯堡的黄金开采地、南半球最大的娱乐中心太阳城、世界上最大的黑人城镇索维托、世界钻石之都金伯利等。

理查德港湾位于南非东北沿海，濒临印度洋的西南侧，是南非的主要煤炭输出港，也是世界第二大散货港。

德班港位于南非东部沿海，濒临印度洋的西南侧，又名纳塔尔港，是南非最大的集装箱港。

伊丽莎白港位于南非东南沿海阿尔戈阿湾的西南岸，濒临印度洋的西南侧，是南非主要港口之一，始建于1799年，是南非的最大羊毛交易市场。

开普敦是南非第二大城市、南非立法首都、西开普省省会、开普敦都会城区的组成部分。开普敦是欧裔白人在南非建立的第一座城市，这座南非白人心中的母城300余年来数度易主，历经荷、英、德、法等欧洲诸国的统治，虽然地处非洲，但却充满多元欧洲殖民地文化色彩。开普敦集欧洲和非洲人文、自然景观特色于一身，开普敦因此名列世界最美丽的都市之一，也是南非最受欢迎的观光都市。

开普敦城西的桌山海拔1 082米，因山顶平整如桌而得名。山峰绵延平展，气象巍然。其余脉有狮子头、信号山、魔鬼峰诸峰。国家植物园位于桌山的斜坡上。它的上方是建于1825年的最古老的博物馆，山脚下是开普敦大学。海滩附近设有娱乐和休养设施，是南非主要的旅游地，尤其适宜于冬季休养。

开普敦桌山

好望角是一条细长的岩石岬角，像一把利剑直插入海底。在好望角的一侧，矗立着一座灯塔，颇具历史，这座白色灯塔不仅是一个方向坐标，同时在告示牌上还清楚地写着世界上十个著名城市距离灯塔的长度，如北京12 933公里。在好望角凭栏而望，可以看见远方的海天一色，也可以看见脚下的浪花飞溅，可谓气象万千。好望角作为非洲的一个标志，是每一个非洲旅游爱好者必到的地方。好望角上还是著名的自然保护区，这里分布着许许多多的灌木丛和一簇簇盛开的鲜艳花朵，羚羊、斑马、鸬鹚、黑鹰等稀有动物都在这里幸福地生活着。

开普敦好望角

四、嘉年华邮轮公司

（一）加勒比海西部之旅（8日7夜）

航线：加尔维斯顿→蒙特哥贝湾→大开曼岛→科苏梅尔→加尔维斯顿。
执行邮轮：嘉年华“征服”号。

时间	目的地	抵达	离港
星期日	加尔维斯顿（美国）		16：00
星期一	海上		
星期二	海上		
星期三	蒙特哥贝湾（牙买加）	8：00	17：30
星期四	大开曼岛（英属）	7：00	16：00
星期五	科苏梅尔（墨西哥）	9：00	18：00
星期六	海上		
星期日	加尔维斯顿（美国）	8：00	

蒙特哥贝湾

蒙特哥贝湾是牙买加西北美丽海滩的门户，这里有长达 7 000 米的白色沙滩和辉煌的日落景观，沿海是拥有私人裸体沙滩的豪华度假酒店，在这里会举行牙买加之夜的沙滩派对。往南进入蔗田绵延的丘陵地带，经过生产朗姆酒的庄园及野生鳄鱼、鸟类的天堂——黑河，再进入环绕着深谷的、苍莽的斗鸡山。往东可去温尔第斯，在沿着山谷流淌的玛莎布里河乘筏漂流，尽享牙买加丰美的大自然。

蒙特哥贝湾

大开曼岛

到达大开曼岛港口，游客将游览哈瓦那附近的乔治敦。乔治敦是一座具有浓郁欧洲风情的城市，当年哥伦布发现此珊瑚群岛时，将其命名为大开曼岛，现已成为继纽约、伦敦、东京、香港之后的世界第五大金融中心。此岛气候宜人，景色秀丽，周围海水如镜。美丽的珊瑚礁、神奇的海底、迷人的沙滩，令人赏心悦目。在这里能听到的唯一声音就是醉人的海浪声。这里盛产海龟，中世纪的海盗王曾将这个海岛作为海盗的总指挥部，游客还将欣赏到被当地人称作“地狱”的特殊地貌。

大开曼岛沙滩上的海螺

科苏梅尔

科苏梅尔是游客潜水的天堂，有丰富的珊瑚礁、水晶般清澈的海水，还有令人放松的加勒比情调。来这里的游客寻找的是宁静和悠闲，并可品味海鲜和各种美味佳肴。

科苏梅尔海底世界

（二）加勒比海东部之旅（8日7夜）

航线：迈阿密→半月湾→圣托马斯/圣约翰→圣胡安→大特克岛→迈阿密。

执行邮轮："海洋绿洲号"、"海洋魅力"号。

时　间	目的地	抵　达	离　港
星期六	迈阿密（美国）		16：00
星期日	半月湾（巴哈马）	9：00	16：00
星期一、二	海上		
星期三	圣托马斯（美国）	8：00	18：00
星期四	圣胡安（美属波多黎各）	7：00	15：30
星期五	大特克岛（英国）	12：00	19：00
星期六	海上		
星期日	迈阿密（美国）	8：00	

东加勒比海的热带岛屿被誉为世界上最美丽的岛屿，加勒比海的颜色是种特别的蓝色，天空在它面前变成了灰色，深蓝在她面前显得粗俗，就像是天地间镶嵌了一块巨大的蓝宝石，蓝得那么纯洁，蓝得那么温柔，蓝得那么高雅，同时又蓝得那么充满诱惑、令人向往。在阳光的照射下，这块蓝宝石上又不时呈现淡紫色，晶莹剔透，光彩夺目，使人有种将要被吸进去的错觉。

半月湾

早上到达巴哈马的半月湾，游客可以到岸上自由活动，可以在海边游览，也可以自费参加半月湾一日游。这座岛是巴哈马列岛的精华，探索这座岛，将是你毕生最难忘的经历。在此可潜水，亦可在海滩戏水，也可参加盛大的巴哈马海滩派对。

半月湾

圣托马斯

圣托马斯早在16世纪就成为自由的免税港，当时是丝绸、枪支、黄金的贸易中心，如今还添加了五花八门的现代商店与精品店，有来自世界各地的奇珍异宝，还有很多自制的产品。这里有绝美的海滩，是游泳、潜水与休闲的绝佳去处。

圣托马斯

圣胡安

圣胡安是波多黎各的首府，是一座历史悠久的城市，1498年哥伦布在这里登陆，圣胡安就成了西班牙帝国在美洲的防御要塞，如今依然能见到诸多古老的城堡和城垛，如同一条巨大的围巾严密地包裹着圣胡安古城。这里有17世纪建造的西班牙风格的城堡、教堂、市政厅、修道院等地标性建筑，1539年建造的艾英洛堡是一座连海盗船长杜雷克这样的强敌都无法征服的坚固堡垒，现被联合国教科文组织列为世界遗产。这里流行森巴和伦巴等拉丁风格的舞蹈。

邮轮抵达古城时恰逢清晨，沐浴在晨光中的圣胡安城像一位大方得体的贵妇，这位热情好客的女主人周而复始地接待着各国的游客。游客流连于各大精品店，搜寻着设计师们的作品，参观着极具历史价值的堡垒，品尝着经典的波多黎各果汁——朗姆酒。

圣胡安

大特克岛

特克斯和凯科斯群岛是较大的群岛，被一条长35公里的水道分开，由8个岛屿构成面积430平方公里的群岛，这里的海滩被《福布斯》杂志评为9个世界顶尖级豪华海滩之一。

大特克岛

（三）南加勒比海之旅（9日8夜）

航线：罗德岱堡→圣马丁→圣卢西亚→圣基茨→罗德岱堡。

执行邮轮：嘉年华“奇迹”号。

时　　间	目　的　地	抵　　达	离　　港
第 1 天	罗德岱堡（美国）		16：00
第 2 天	海上		
第 3 天	海上		
第 4 天	圣马丁（法国/荷兰）	8：00	17：00
第 5 天	圣卢西亚	9：00	17：00
第 6 天	圣基茨和尼维斯		
第 7 天	海上		
第 8 天	海上		
第 9 天	罗德岱堡（美国）		

圣马丁

法国和荷兰因争夺岛上盐湖的拥有权，在 1648 年达成协议将岛一分为二，北部属荷兰，南部盐湖属法国。游客可以同时体验两个不同国家的风格和文化。圣马丁的美别具一格，十分精致浪漫又充满趣味，同时拥有令人赞赏的荷兰风格及令人心醉的法国情调。

圣马丁

圣马丁是个独特的小岛，以绝对的热情、迷人的风景、如雪的沙滩及无数棕榈树欢迎游客的到来。荷兰殖民地的首府——菲利浦堡是购物的天堂。海湾和沙滩是游泳潜水的好去处。来到法属首府马里，体会浓郁的法国风情，好像亲临法国著名游览胜地。

圣卢西亚

圣卢西亚是加勒比海中的一座火山岛，属英联邦。历史上，印第安人是圣卢西亚的原住民。圣卢西亚先后被英、法、荷等国侵占，1814 年终成英国殖民地，1979 年独立成为英联邦成员国。

圣卢西亚

圣卢西亚是世界上最好的蜜月旅游目的地之一，而苏弗里耶尔是圣卢西亚国家的旅游中心所在。这里 60% 的海面被珊瑚礁覆盖，大陆上则是挺拔陡峭的群山，层峦叠翠，山峦起伏。山谷中常有散发硫磺味的烟雾，这些烟雾源于苏弗里耶尔的火山。这座神秘莫测的火山最近一次的爆发是在 1995 年，蒙拉特拉岛的一座繁荣的港口城市瞬间被埋在六七米厚的火山灰下，变成一座死城。苏弗里耶尔是世界上唯一一座可以驾车观赏的火山。

圣基茨和尼维斯

圣基茨和尼维斯位于东加勒比海背风群岛的北部，由圣基茨和尼维斯及桑布雷罗等岛屿组成，属热带海洋性气候，年平均气温在 26℃左右，雨水丰富。1493 年哥伦布到达该岛并将其命名为圣基茨，1623 年被英国占领，沦为英国殖民地，1983 年 9 月 29 日独立，成为英联邦成员。

圣基茨和尼维斯有很多著名的历史建筑。位于圣基茨岛的布里姆斯通山城堡国家公园是加勒比海历史上最大的城堡。

圣基茨和尼维斯

圣基茨是十大海盗岛之一，17 世纪法国政府在一些海盗团伙的帮助下，以“基德船长”的名义袭击了圣基茨岛。基德船长生于英国受雇于法国，当他偷了法国军队的一艘船并将其开到尼维斯岛的时候，很快就成了英国的英雄，但还是因为曾当过海盗而被指控，并在泰晤士河边被实施了绞刑。

（四）夏威夷激情之旅（13 日 12 夜）

航线：瓦胡岛→考艾岛→毛伊岛→夏威夷岛→埃森纳达。

执行邮轮：嘉年华“精神”号。

时　间	目的地	抵　达	离　港
星期一	瓦胡岛		13：00
星期二	瓦胡岛		18：00
星期三	考艾岛		
星期四	毛伊岛	8：00	22：00
星期五	毛伊岛拉海纳	8：00	22：00
星期六	夏威夷希洛	8：00	18：00
星期天	夏威夷科纳	8：00	18：00
星期一至星期五	海上		
星期六	埃森纳达	8：00	

夏威夷是一组美丽的群岛，长久以来，许许多多的动植物把夏威夷当作它们的家园，每隔几万年，就有一个崭新的物种来到夏威夷，种子被海水或鸟类带到岛上，而花虫和蜗牛则附在碎冰上随水漂来。夏威夷僧海豹在人类之前就成功地穿过太平洋，来到夏威夷，岛上的鸟类有 39 个本岛特有的品种，仅夏威夷蜜鸟就有 22 种。夏威夷的咖啡举世闻名，科纳海岸的狭长海岸地带出产世界上最醇香的咖啡。它扑鼻的香气、独特的口感深受各国游客的青睐。

夏威夷群岛

夏威夷群岛是寻求冒险、放松心情的绝佳去处，在玻利维亚文化中心享用夏威夷美食和欣赏传统音乐和舞蹈之后，可以去海边漫步、潜水、出海欣赏鲸鱼、骑马、徒步旅行、打高尔夫球、垂钓等。

提起夏威夷，人们就会想起草裙舞。草裙舞本来是一种宗教性舞蹈，最初人们以跳草裙舞来表达对诸神的敬意，现在它已经变成一种娱乐性舞蹈，观赏草裙舞成了夏威夷旅游的保留节目。草裙舞是一种全身的舞蹈，尤其是手部动作含义深刻，通过不同的手势表现出人们各种美好的希望，如祈求丰收、渴望和平。

草裙舞

夏威夷的水果非常新鲜，而且汁多味美。这里有很多特色食物，如“lall lall”是一种把肥猪肉用草叶包裹蒸了吃的小吃，“lomi lomi”是把番茄、鲑鱼、洋葱切丁制作而成的凉拌菜，“haupia”是椰子甜糕，“imll”是埋在土里焖烧好几个小时的烤猪，夏威夷最值得买的是火山豆和科纳咖啡。

考艾岛

考艾岛位于夏威夷群岛最北端，总面积550平方公里，大概形成于600万年前，是夏威夷最古老的热带天堂。

一踏上这片乐土，人们就会惊叹，她是不折不扣的“古典美人”。岛上的热带景观仿佛穿越时空，傲然展示着无与伦比的“天使面容”。奇特的地理环境是她惹火的“魔鬼身材”，似乎一直向前便会进入恐龙活跃的白垩纪，每一个拐弯处都萦绕着神秘的气息，好像随时会有一只摇晃着大脑袋的暴龙走过来。岛上的考艾礁湖球场和普林斯维尔王子球场令人神往。对于爱好高尔夫球运动的人来说，无论付出什么样的代价，也要在这天然的球场上一展英姿。这里的高尔夫球场融合了令人敬畏的天然地形和出乎意料的自然美景，让人在运动的同时还能领略美丽的自然风光。

考艾岛普林斯维尔王子球场

打球之余、游客还可以选择双体船航行，细细品味夏威夷的美丽景观和令世人惊叹的海岸线；可以到弗恩洞穴——一个隐藏在茂密的热带植物中的美丽洞穴消磨时光；也可以躺在细软的沙滩上懒懒地享受阳光的呵护，或是在被珊瑚映红的海水里潜水。

毛伊岛

毛伊岛上的哈雷阿卡拉火山口的日出是举世闻名的壮丽景观，它被认为是世界上最出色的日出景观，而这个火山口本身也是令人印象非常深刻的，它巨大得可以摆放下整个纽约曼哈顿区。

毛伊岛

卡胡鲁伊是毛伊岛上最繁忙的港口，游客可以去参观神圣的茂伊山谷和热带雨林，还可以去附近的卡帕鲁阿参观世界著名的高尔夫球场，在卡胡鲁伊购物或参观艺术文化中心的文化活动，或是去细软的沙滩漫步或下海畅游。

拉海纳是毛伊岛上的一个古镇，以“捕鲸镇”闻名，早在 19 世纪初这里就已是夏威夷的捕鲸重镇。镇内有 35 处历史景点，包括当年水手投宿的先锋小酒店、19 世纪的古老监狱。游客还可以乘坐以蒸汽推动的蔗糖火车，来一次早期蔗糖之旅。最早的小火车运行于 1882 年至 1952 年，如今作为观光之用的小火车，是独具慧眼的企业家麦肯利在 1969 年按照 1890 年制造的蔗糖火车仿制而成的。火车的讲解员热衷于和游客交谈打趣、合影留念。喜欢安静的游客可以沿途欣赏风景。在火车上吃晚餐或举办婚礼、生日庆祝等活动，在拉海纳，游客还可以逛夜市，购买工艺品、纪念 T 恤、珠宝或杂货。

希洛

位于夏威夷岛的希洛市是世界上最大的兰花产地。希洛是一座历史老镇，走在镇上仿佛回到了 70 年前，镇上到处散发着一种悠闲的气息。希洛也是世界上最大最潮湿的地方，拥有最丰富的年降雨量。周围奇峰林立，悬崖峻峭，景色令人目不暇接。这里有苍翠的雨林，奇特的农夫市场。从哈玛库阿到威庇欧山谷，可以欣赏陡峭的瀑布、清新的池水和野生动物。希洛是通往夏威夷火山国家公园的必经之路。公园内有两座活火山——冒纳罗亚火山和基拉韦厄火山。火山国家公园是火山女神以喷流不息的熔浆造就的令人叹为观止的奇观。希洛被称为全美最适合居住的环境，它为游客提供了各种文化欣赏活动及绝美的自然风光。

夏威夷岛火山国家公园

科纳

科纳市内有建于1838年的古王族夏日行宫和夏威夷第一座教堂，每年8月在科纳市郊还会举办著名的国际海钓大赛。科纳盛产著名的科纳咖啡，其历史可追溯到1828年——西方传教士带来了第一棵阿拉伯咖啡树。180号公路沿途有许多咖啡田、咖啡加工厂、博物馆及游客中心。游客若想了解科纳人早期的生活，必须来历史公园一探究竟。此外，酋长避难所也是必游之地，当年战败者逃至此处，通过祭祀的救赎仪式可免一死。这里的帕克牧场是全美最大的私人牧场。彩虹瀑布离科纳市也不远，因常常可以看到彩虹而得名。

（五）阿拉斯加冰川之旅（8日7夜）

航线：温哥华→朱诺→史凯威→科奇坎→温哥华。

执行邮轮：嘉年华“精神”号。

时　间	目的地	抵　达	离　开
星期三	温哥华		17：30
星期四	内湾巡游		
星期五	朱诺	2：00	23：00
星期六	冰河巡游		
星期日	史凯威	7：00	16：30
星期一	科奇坎	11：00	19：00
星期二	内海巡游		
星期三	温哥华	7：00	

阿拉斯加号称是美国最后一块处女地，是一块神秘、令人惊喜的大地，是美国最大的州，也是高山之乡，拥有丰富的天然资源和野生动物。热爱野生动物的人可以在阿拉斯加大饱眼福：可能看见一只大驯鹿在路上漫游，可能巧遇一只灰熊在远处漫步，也可以在海岸边观赏鲸鱼，而老鹰可能就在头顶呼啸而过。阿拉斯加的人、地、野生动物共同编织出一幅美丽的画卷，去阿拉斯加，您将发现“世界本该如此”。

朱诺

朱诺是阿拉斯加州的首府，位于亚历山大半岛上的加斯蒂诺海峡旁。1880年10月，朱诺与哈里斯两人规划了一个约0.6平方公里的区域作为城镇的范围，并在此建立了一个全新的采矿营地。这个采矿营地在一年内迅速成长为一个小镇，这也是美国从俄罗斯买下阿拉斯加后在此建立的第一个城市。刚建城时，此地被命名为哈里斯堡，后改名为洛克威尔。1881年，一群矿工聚集开会决定将城镇依照另外一位建城者乔•朱诺的名字，改为朱诺，并一直沿用至今。1906年，阿拉斯加原本的首府锡特卡因为捕鲸业与兽皮业交易量逐渐下滑而没落，失去了经济依托，相反朱诺正因日益发展的金矿业而逐渐兴起（朱诺境内有三座大型金矿，产量当时居世界第一），因此首府正式迁到朱诺。在美国本土州的首府中，朱诺是唯一一个没有道路与美国其他土地相连的城市，欲到达朱诺必须依靠航空。

朱诺是座依山面海的美丽海港城市。积雪山峰、深海峡湾和森林岛屿构成了世上独一无二的风光和特色，游客可坐直升机飞往冰川，降落后踏在纯净的冰雪之上，真正了解貌似不动、实际徐徐下移的门登霍尔冰川；也可在专业导游的带领下，乘独木舟溯河而上，前往当年发现金矿的罗伯特山区，体验当年淘金者的艰辛。这里也是猫头鹰、海狮、海豚和鲸鱼的主要栖息地。朱诺附近还有其他如诗如画的海岸城市。

阿拉斯加大冰川

史凯威

史凯威是由印第安语转化而来的，意思是“北风之城”，就算在风和日丽的早上，也能听到呼呼的风声。这个被杰克•伦敦在小说中提及的地方青山依旧，但物是人非，仅保留一片回忆。这里是当年淘金的重镇，同时也是阿拉斯加鲑鱼的集散地，在 19 世纪末的淘金时代此地人口由几百人暴涨至 2 万人。游客在史凯威可参观淘金博物馆、红葱酒会、长老会教堂、毛利公园等。

这里的建筑几乎全部都是木制的，也有用麻绳编织的。这里的店铺，除了卖阿拉斯加羊毛、纪念 T 恤、皮革、珠宝之外，基本都在销售用麻绳编织的印第安手工艺品，极具特色。

科奇坎

科奇坎是当地土语的音译，意思是“老鹰的翅膀”。这里是印第安人的祖居，尚存有不少图腾柱。科奇坎被称为“鲑鱼之都”，每年 8 月鲑鱼便洄游至此，在这里看到熊抓鱼的场景并不是件稀罕事。这里也是垂钓胜地，深受垂钓爱好者的欢迎。在这个风景如画的滨海城市，随处可见翠绿茂盛的雨林。这里还有世界最庞大的图腾柱收藏，图腾柱雕刻描绘了各种传说故事。

（六）地中海神秘之旅（8 日 7 夜）

航线：奇维塔韦基亚→波托菲诺→巴塞罗那→帕尔马→突尼斯→瓦莱塔→巴勒莫。

执行邮轮：歌诗达“协和”号。

日　期	目 的 地	抵　达	离　港
星期日	奇维塔韦基亚（罗马）		19：00
星期一	波托菲诺（意大利）	9：00	17：00
星期二	巴塞罗那（西班牙）	14：00	19：00
星期三	帕尔马（西班牙）	7：00	13：00
星期四	突尼斯	13：00	19：00
星期五	瓦莱塔（马耳他）	9：00	17：00
星期六	巴勒莫（意大利）	8：00	17：00
星期日	奇维塔韦基亚	8：00	

波托菲诺

利古里亚滨海小镇波托菲诺位于意大利西北部，是一个“凹”字形小港，三面是绿色的丘陵，在山脚下的沿海地区修建了一排排错落有致的房屋，中心是小广场和钟楼。对于欧洲上流社会来说，这里是他们的梦想天堂，因为这里有他们追寻的孤独而原始的平静：背靠群山，绿荫繁密；面临大海，碧波浩渺，帆船点点。大海的热情澎湃和港湾的温柔宁静在这里和谐呈现。波托菲诺——意大利最美丽的梦幻小港，古老的建筑和色彩斑驳的砖墙与山海云雨辉映成一幅生动的梦幻景色。这个小巧玲珑的自然港还有“海豚之港”的美誉。

波托菲诺

巴塞罗那

巴塞罗那是典型的地中海气候，温和宜人，全年阳光明媚，鲜花交替盛开。冬春雨量大，很少下雪，气温很少降到零摄氏度以下。这里有宜人的气候、著名的金色海滩、浪漫的人文环境、丰富多彩的建筑，每年吸引了数千万国外游客至此旅游度假。

巴塞罗那是一座美丽的城市，市内保存有罗马城墙遗址，中世纪的古老宫殿和房屋与现代化建筑交相辉映，不少大街仍保留着由石块铺砌的古老路面。建于 14 世纪的哥特式天主教堂位于老城中央，圣家族教堂是西班牙最大的教堂，连接和平门广场和市中心加泰罗尼亚广场的兰布拉斯大街是著名的“花市大街”。

巴塞罗那圣家族教堂

公园的喷泉、动物园、植物园及蒙特惠奇公园的层层瀑布闻名遐迩。巴塞罗那还有许多现代艺术馆，如马塞斯博物馆、毕加索博物馆、海洋博物馆等。巴塞罗那每年 10 月举办的国际音乐节是世界乐坛一大盛事，当地的萨尔达纳圆舞曲世界闻名。每年 4 月举办的玫瑰花展和斗牛节吸引着众多游客前来观光。这里的加泰罗尼亚甜食誉满全球。

帕尔马

帕尔马是马洛卡岛的主要城市和港口，同时也是西班牙巴利阿里群岛自治区的首府，市内的历史建筑多为哥特式建筑。在帕尔马的滨海大道上有许多饭店、酒吧、餐厅、舞厅。在比尔夫城堡这座圆形的哥特式建筑里，游客可以兴致勃勃地观赏整座城市的景观：哥特式天主教堂、阿姆戴那宫、哥特人区、科技广场、市政厅、戴尔博恩林荫大道、维勒广场，各种建筑尽收眼底。这里还有著名波兰作曲家肖邦、法国女作家乔治·桑的故居。

帕尔马比尔夫城堡

突尼斯

地中海南岸的北非国家突尼斯，似乎是上帝专为旅游而创造的。无论是历史遗迹、神话传说带来的想象，还是先天拥有的自然条件、丰富而多样的资源，都给人难以忘怀的印象，迦太基古城、麦地那的阿拉伯市场、埃尔·杰姆的古罗马斗兽场、犹太教堂，无不久负盛名。突尼斯因其历史原因而呈现出文化的多样性。

自然景观方面，长达 1 300 公里的海岸线给突尼斯带来了温和的气候，地中海沿岸城市苏斯和哈马麦特都是著名的海滨度假胜地。突尼斯南部是撒哈拉大沙漠，其奇丽的景色激发了人们的探险欲望。

埃尔·杰姆古罗马斗兽场

撒哈拉大沙漠

瓦莱塔

马耳他共和国的首都瓦莱塔是欧洲的一座文化名城，它以圣约翰骑士团第六任首领拉•瓦莱塔的名字命名，另外，它还有许多有趣的别名，如“圣约翰骑士团之城”、“巴洛克的伟大杰作”、“欧洲艺术之城”等。瓦莱塔是全国的政治、文化和商业中心。

瓦莱塔

瓦莱塔港是马耳他最大的海港，地处地中海中部，是连接欧、亚、非海运交通的枢纽，战略地位十分显要，素有“地中海心脏”之称。

瓦莱塔是由米开朗基罗的助手弗朗西斯科•拉帕莱利设计的。为增强防御功能，背海一面有城堡保护，隔海湾右方有三座古城相护，后城门处建有防御工事，使瓦莱塔城处于中心。城市建筑布局整齐，古迹很多。城门前有“三海神”喷泉、腓尼基饭店，城内有博物馆、美术馆、剧院，还有建于 1571 年的骑士团首领宫（总统府）和建于 1578 年的圣约翰大教堂等古建筑。圣约翰大教堂这座典型的文艺复兴晚期建筑被认定为瓦莱塔的象征。通过总理府花园，可以俯瞰海港的景色。

圣约翰大教堂

瓦莱塔依山傍水、气候宜人，加上得天独厚的地理位置，十分安静恬适。这里没有大城市的喧嚣，也没有工业污染，交通便利、经济繁荣，物价也不高，实在是旅游的好去处。这里的春天来得很早，当欧洲其他地区还处在千里冰封的严冬季节时，瓦莱塔已是春暖花开、阳光普照，因此许多人特意赶来过冬。夏日时节，晴空万里，暖风徐徐，且并不炎热，加上海水清澈，沙滩松软，是游泳泛舟、沐浴阳光的好地方，再也没有什么地方比瓦莱塔更能折射出马耳他人的生活情趣了。

巴勒莫

巴勒莫是意大利西西里岛西北部的港口城市，也是西西里岛的首府，是一个地形险要的天然良港。

巴勒莫的古迹建筑没有金碧辉煌的傲人外观，特色是罗马、拜占庭及伊斯兰建筑风格共冶一炉，当然，一些建筑还具有浓郁的阿拉伯色彩，比如圆柱及墙壁雕刻。意大利文豪但丁称赞这里是“世界上最美的伊斯兰教城市”。尽管这些建筑的风格大相径庭，但都已经与巴勒莫的公园湿地、市街广场融为一体，因此显得别具一格。

巴勒莫

在巴勒莫市中心矗立了1 200年的诺曼皇宫，在第二次世界大战后改成西西里自治区议院，不过游客可以参观其中部分建筑，特别是满屋生辉的巴拉蒂娜小教堂，规模虽小但视觉震撼力却犹胜梵蒂冈的西斯廷小教堂，小教堂的四壁下半部镶着大理石，上半部是镶金的精致壁画和装饰性图案。无比细腻的颜色，令其无愧于“金壁辉煌”四个字。两边分隔主殿和偏殿的六个阿拉伯式尖拱形结构，为这个原是为圣彼得而建的小教堂，制造了视觉和文化底蕴两方面的立体感觉。从诺曼皇宫出来，经过一个公园，不远处的大教堂更是毫不客气地抢尽游人的目光。站在这座刻有精致几何浮雕的巍峨建筑面前，你会疑心自己身处阿拉伯国家，但它确实是百分之百的天主教堂。

巴勒莫现存最大的阿拉伯建筑，要数当年伊斯兰教统治西西里时兴建的吉沙皇宫。如今，皇宫的二、三楼已被改成博物馆，主要展出阿拉伯文物。巴勒莫是意大利境内最具东方特色的城市，随处可见阿拉伯风格的建筑。

这里还有著名的普雷托利亚喷泉，整个喷泉四周安置了24尊代表神话中的河神、仙女、精灵等形象的裸体石膏像，在艳阳底下仰视高低不一却异常协调的裸体石膏像，竟然是如此的圣洁。如果这座喷泉原属的豪宅花园还在，该是怎样一番醉人风光！

古代教堂的地下室多为墓穴，巴勒莫最奇特的景点莫过于拥有几百年历史的地下墓穴，墓穴长长的通道两旁，是众多长眠于此的古人。

（七）波罗的海南部之旅（8日7夜）

航线：基尔→格但斯克→塔林→圣彼得堡。

执行邮轮：地中海邮轮“管乐”号。

时　间	目 的 地	抵　达	离　港
第1天	基尔（德国）		17：00
第2天	海上巡航		
第3天	格但斯克（波兰）	6：00	19：00
第4天	海上巡航		
第5天	塔林（爱沙尼亚）	6：00	22：00

续表

时　　间	目的地	抵　　达	离　　港
第 6 天	海上巡航		
第 7 天	圣彼得堡（俄罗斯）	6：00	
第 8 天	圣彼得堡（俄罗斯）		18：00

基尔

基尔（Kiel）是德国北部城市，石勒苏益格·荷尔斯泰因州首府，面积 118.4 平方千米。基尔起源于 1233 年由阿道夫四世建立的名为 Tom Kyle 的小镇，1242 年获得城市权。

该市紧邻波罗的海基尔湾，自 19 世纪 60 年代以来该市一直是德国主要的海军基地。基尔是德国造船业中心，是基尔运河的东段终点。

基尔在第二次世界大战中被严重摧毁，战后重建时，城市规划者们未能找到原来的设计图纸，因而很可惜地无缘像石勒苏益格·荷尔斯泰因的其他城镇，如吕贝克、弗兰斯堡或石勒苏益格那样完全复原城市的原貌。

基尔的航海比赛非常有名，基尔周是全世界最大的航海赛事之一。在 1936 年和 1972 年奥运会在柏林和慕尼黑举行时，赛艇项目都在基尔举行。

由于担任德国主要海军基地，基尔的城市规模迅速扩大，从 1864 年的 18 770 人增加到 1910 年的 20 万人。旧的市中心及周边地区大部分被夷平重建。基尔也是 1918 年末爆发水兵兵变的地方。

基尔

格但斯克

格但斯克（波兰语：Gdańsk），德语称但泽（Danzig），是波兰波美拉尼亚省的省会，也是波兰北部沿海地区最大的城市和最重要的海港。

在汉萨同盟以来的 600 多年间，格但斯克始终是波罗的海沿岸地区一个重要的航运与贸易中心。虽然在历次的战争中格但斯克曾经几度衰落，但是，在每次衰落之后不久，它又能够利用自身的区位优势，恢复过去的繁荣。现在，它仍然保持着波兰重要航运与工业中心的地位。

格但斯克这座城市在欧洲政治、军事与外交史上，历来就是广受人们关注的焦点。在600多年的时间里，它一直是日耳曼（德意志）和斯拉夫（波兰）两大民族之间反复争夺的焦点。1939年9月1日，以纳粹德国的军舰炮击格但斯克的波兰基地为标志，第二次世界大战正式爆发。战后，根据美英苏三强制定的《雅尔塔协定》，重新划分了欧洲各国的版图，格但斯克也结束了居民以德意志新教徒为主的局面，几乎完全换了一批新市民，变成一个地道的波兰城市。

格但斯克

塔林

塔林

塔林（Tallinn），旧名日瓦尔（Reval），是爱沙尼亚共和国的首都和主要港口，位于爱沙尼亚北部波罗的海海岸，与芬兰首都赫尔辛基之间隔了80公里宽的芬兰湾，约有40万人口。塔林古城在1997年被联合国教科文组织列为世界遗产。

据考察，芬兰湾南岸在公元前2000年就已经有说波罗地-芬兰语支的部落定居。1154年，塔林被阿拉伯制图师穆罕默德·艾·伊迪利斯记录在他的世界地图上。

圣彼得堡

1703年，彼得大帝在涅瓦河口的兔子岛上建立彼得保罗要塞，后扩建为城，称圣彼得堡。1712年俄国首都从莫斯科迁到这里，后持续200余年。1914年改称彼得格勒，1924年列宁逝世后又改为列宁格勒，1991年苏联解体后恢复圣彼得堡旧名。

圣彼得堡冬宫

涅瓦河三角洲上数十条纵横交错的水道和运河，把大地分割成近百个小岛，全市靠400多座桥梁相连，使圣彼得堡具有独特的“水城”和“桥城”景观。中心城区在大涅瓦河南岸，全市最繁华的涅瓦大街横贯城区，海港、河港和各类工厂分布在外围的瓦西里岛区、彼得格勒区和维堡区，昔日帝都留下的俄罗斯古典建筑群和名胜古迹比比皆是，如彼得罗巴甫洛夫斯克要塞、冬宫、夏宫、巴甫洛夫斯克公园、伊萨基辅大教堂、喀山大教堂、十二月党人广场、斯莫尔尼宫、俄罗斯博物馆、喋血教堂、驷马桥……涅瓦河哺育了灿烂辉煌的俄罗斯文化，使圣彼得堡成为科学文化名城，罗蒙诺索夫、门捷列夫、普希金、果戈里、高尔基等许多杰出的科学家、文学家都在这里生活或工作过，城内拥有数以百计的科研机构、高等院校、博物馆、图书馆、影剧院等。

圣彼得堡喋血教堂

第二次世界大战期间，在圣彼得堡（当时叫列宁格勒）曾上演了一段悲壮的历史。德国法西斯军队将这座城市围困了 872 天（从 1941 年 9 月 8 日到 1944 年 1 月 27 日），是二战时期持续时间最长的围困与反围困作战。希特勒扬言：“让列宁格勒这座城市在地球上消失。”俄罗斯人开始了艰难的列宁格勒保卫战。人们每天只能得到 125 克面包，许多人被饿死、冻死，但苏联红军不屈不挠，拼死反抗，没有让敌人再前进一步，列宁格勒保卫战最终取得了胜利，但也付出了惨痛的代价。据统计，列宁格勒城内共有 642 000 人死于饥饿与严寒，2 万多人死于德军的空袭与炮击，3 200 幢建筑被摧毁，城市面目全非，街道变成了瓦砾堆。战后人们重建家园，将被法西斯炮火毁坏的古迹一一修复，经过艺术家和工匠们的艰苦劳动，这座城市又再现了昔日的风采。

（八）波罗的海北部峡湾之旅（9 日 8 夜）

航线：南开普敦→奥斯陆→哥本哈根→斯德哥尔摩→赫尔辛基→圣彼得堡。

执行邮轮：“翡翠”号。

时　间	目的地	抵　达	离　港
第 1 天	南开普敦（英国）		18：00
第 2 天	海上巡航		
第 3 天	奥斯陆（挪威）	7：00	19：00
第 4 天	哥本哈根（丹麦）	8：00	20：00
第 5 天	海上巡航		
第 6 天	斯德哥尔摩（瑞典）	6：00	20：00
第 7 天	赫尔辛基（芬兰）	6：00	19：00
第 8 天	圣彼得堡（俄罗斯）	7：00	
第 9 天	圣彼得堡（俄罗斯）		18：00

斯德哥尔摩

斯德哥尔摩

斯德哥尔摩在英语里意为“木头岛”。城市始建于公元13世纪中叶，那时，当地居民常常遭到海盗侵扰，于是人们便在梅拉伦湖入海处的一个小岛上用巨木修建了一座城堡，并在水中设置木桩障碍，以抵御海盗，此岛也因此得名为“木头岛”。关于斯德哥尔摩这个名称，在当地还有传说，即古时梅拉伦湖上漂浮着一根巨大的木头，引导来自锡格蒂纳的第一批移民至此，建立了这座城市。另有传说，以前这里一片荒凉，海浪冲来的遇难船只的碎片堆满海滩，当地居民便捞取这些木片搭起简陋的小屋。由于这些木片均不成块，只是一条条木头样的废料，因此，搭起的房子东倒西歪。后来这种碎木房屋在小岛上形成了一条街，外国船只开到这里进行商贸活动，看见街上的房屋如此模样，不禁感到好笑，随口喊出“斯德哥尔摩”。“斯德哥”是木头的意思，“尔摩”则是岛的意思，合起来即为“木头岛”。

由于斯德哥尔摩地理位置适中，气候温和，环境优美，在1436年被定为都城，并逐渐发展成为斯堪的纳维亚半岛上最大的城市。

斯德哥尔摩既有典雅、古香古色的风貌，又有现代化城市的繁荣。在老城区，那里有金碧辉煌的宫殿、气势不凡的教堂和高耸入云的尖塔，而狭窄的大街小巷则显示出中世纪的街道风采。在新城区，则是高楼林立、街道整洁，苍翠的树木与粼粼的波光交相辉映。在地面、海上、空中竞相往来的汽车、轮船、飞机以及鱼鹰、海鸥等鸟类，给城市增添了无限的活力，而远方那些星罗棋布的卫星城，更给人们带来一抹如烟如梦的感觉。

斯德哥尔摩南区的斯塔丹岛，据说是当年旧城的遗址，坐落在这里的富于古香古色情调的斯德哥尔摩老城，是游客竞相前往的地方。老城区的大街小巷均采用石头铺筑，最宽处不过6米，最窄处不足1米。在最窄的小巷中不但汽车、摩托车和自行车无法通行，就连两个人对面走过也得侧身相让。街道两旁是一些古老的店铺，出售古朴别致而又非常精美的手工艺品和纪念品。瑞典王宫、皇家歌剧院、皇家话剧院、议会大厦以及斯德哥尔摩市政厅等都聚集在这里。

瑞典王宫建于17世纪，为一座方形小城堡。王宫正面大门前，两只张牙舞爪的石狮子分立两旁，门口站着数名头戴一尺多高的红缨军帽、身穿中世纪军服的卫兵，显得十分威严。每天中午时分，卫兵们要举行隆重的换岗仪式。游客可以购买一张门票，通过岗哨进入宫内，参观历代瑞典国王遗存的金银珠宝和各种精美器皿，观赏宫内琳琅满目的壁画。

老城之北便是市中心的塞尔格尔广场。广场中央有一个巨大的喷水池。池中屹立着一根高约40米、由8万多块玻璃组成的大柱，在阳光和灯光交织中放射出奇异的色彩。广场四周的国王街、皇后街和斯维亚街是最繁华的商业区。这里的现代化气氛与古色古香的老城形成了鲜明的对照。广场下面有着庞大的地下商场和地下铁路中心站，被人们称为“世界上最长的地下艺术长廊”。与以舟代步的威尼斯不同，斯德哥尔摩的地下铁路穿过海底，四通八达，是当地的主要交通工具。

塞尔格尔广场

奥斯陆

挪威首都奥斯陆，位于国土南部，坐落在奥斯陆峡湾北端的山丘上，面对大海，背靠山峦，城市布局整齐，风格独特，环境幽雅，风景迷人。

奥斯陆是欧洲著名的历史古城，始建于1050年，从1814年起成为挪威首都，昔日曾称为“克里斯蒂安尼亚”，后改为现名。据传说，“奥斯陆”意为“上帝的山谷”，也有说意为“山麓平原”，这两种说法皆与奥斯陆所处的地理位置有关。城市濒临曲折迂回的奥斯陆湾，背倚巍峨耸立的霍尔门科伦山，苍山绿海遥相辉映，使城市既有海滨都市的旖旎风光，又富于依托高山密林所展示的雄浑气势。

奥斯陆

奥斯陆市政厅

奥斯陆市政建设注意保持浓郁的中世纪风格和别具一格的北欧风光，市内没有林立的摩天大楼，街道两旁大多是六七层高的楼房，建筑物周围是整齐的草坪和各色花卉，在金色的阳光照耀下，绚丽多彩。

挪威众多的政府机构，如议会、最高法院、国家银行和国家广播公司等都设在奥斯陆。市政厅所在地位于海港码头后面，是一座类似于古代城堡的建筑，厅内有现代挪威艺术家以挪威历史为题材绘制的巨型壁画，被人们称为“挪威历史教科书”。在市政厅前面的广场上是种满鲜花的花圃和喷泉，附近是奥斯陆最繁华的闹市区。在建于 1899 年的国家剧院门前，竖立着挪威著名剧作家易卜生的雕像。建于 19 世纪的白色王宫庄严地矗立在市中心一个平坦的山冈上，前面红沙铺地的广场上有国王卡尔·约翰的铜像。

市内主要公共建筑和古迹还有建于 12 世纪的阿克斯教堂、建于 13 世纪的阿克斯胡斯城堡以及奥斯陆第一座大教堂——圣哈尔瓦大教堂。市内最大的福洛格纳公园，建筑精巧，装饰华丽，其中又以园中之园——维格兰雕塑公园最为著名。这里陈列着挪威著名雕刻家古斯塔夫·维格兰的 150 组雕塑，它们形态各异、变化多姿，充满了生活情趣，把欧洲的古老传统、现代艺术和挪威的民族风格融为一体，显示了艺术家的造诣和功力。公园后面海拔 371 米的霍尔门科伦山是举世闻名的滑雪胜地，每年 3 月的第一个星期天这里都要举行滑雪比赛。在霍尔门科伦山上有一座滑雪博物馆，里面陈列着几副 2 500 年前的滑雪板。此外，市中心的比斯雷特速度滑冰场在世界上也享有盛名。

奥斯陆人十分重视文化传统教育，市内有众多的文化设施和各种博物馆、美术馆、展览馆等。奥斯陆的国家展览馆陈列着挪威古代、中世纪和 18—19 世纪的珍贵艺术品。在芒奇博物馆里，收藏着以擅长人物画和风景画著称的画家爱德华·芒奇的作品。在国家美术馆内，陈列着易卜生的大理石雕像。在与市中心一水相隔的比格岛上，有一座极具特色的挪威民俗博物馆，里面有许多从别处移建来的中世纪木结构教堂、住宅、作坊和马厩等，这里的讲解员身着古代民族服装，游客进入博物馆犹如时光倒流了几百年。

赫尔辛基

芬兰首都赫尔辛基，濒临波罗的海，是一座古典美与现代美融为一体的都市，既有欧洲古城的浪漫情调，又充满国际化大都市的韵味。同时，它又是一座都市建筑与自然风光巧妙结合在一起的花园城市。市内建筑多用浅色花岗岩建成，这为赫尔辛基赢得了“北方洁白城市”之称。在大海的衬托下，无论夏日海碧天蓝，还是冬季流冰遍浮，这座港口城市总是显得美丽洁净，被世人赞美为“波罗的海的女儿”。在赫尔辛基的海港市场上，有一尊名叫“波罗的海的女儿”的铜像，是赫尔辛基的象征。

赫尔辛基参议院广场

赫尔辛基建在一个丘陵起伏的半岛上，两岸是美丽如画的海港，并被几十个岛屿环绕着。市内湖泊星罗棋布，周围满是茂密的森林，景色十分迷人。市内最著名的大街叫满纳汗大道，是繁华的商业中心，也是优美建筑和文化设施林立的文化中心。芬兰地处高纬度地区，在夏季，光照时间长达 20 小时，因此赫尔辛基又被称为“北方的白昼城”、“太阳不落的都城”。

赫尔辛基最著名的建筑群要数位于市中心参议院广场上的赫尔辛基大教堂及其周围淡黄色的新古典主义风格的建筑。数百级台阶上的白色大圆顶教堂巍然耸立，气势非凡。广场前面，那造型精美、栩栩如生的雕像栉风沐雨，向人们展示了它的风韵。大教堂附近的南码头是停泊大型国际邮轮的港口。位于南码头北侧的总统府建于1814年，沙俄统治时期是沙皇的行宫，1917年芬兰独立后成为总统府。总统府西侧的赫尔辛基市政厅大楼建于1830年，其外观至今仍保持着原来的风貌。南码头广场上有常年开设的露天自由市场，商贩在这里售卖新鲜水果、蔬菜、鱼肉及鲜花，还有芬兰刀、驯鹿皮和首饰等各种传统工艺品及旅游纪念品，这里是游客观光游览的必到之处。

赫尔辛基

赫尔辛基市内街道宽阔且美丽整洁，到处都是苍翠的树木和如茵的草坪。市中心大街的街心花园里繁花似锦。市内建筑物风格独特，多用浅色花岗岩建成。在市区南端，有一座天文台山，从山顶可以俯瞰整个赫尔辛基市。坐落在市区南部海湾6个岛屿上的芬兰堡，原是海上军事要塞，于1748年至1788年瑞典统治时期建成，1808年成为俄国驻军地。要塞的中心区构筑了复杂的明垒、暗堡、炮台、大炮、石墙、兵营和庭院，成为芬兰极富特色的历史古迹。赫尔辛基市中心的南码头广场上有一个圆形喷水池，池中有一尊裸体少女青铜像。少女面向大海，左手托腮，静静地凝望着芬兰湾，人们亲切地称她为大海女神——阿曼达。西贝柳斯公园隐没在丛林深处，它是以著名音乐家西贝柳斯的名字命名的。公园中央，有石刻的西贝柳斯纪念碑和一个大型音乐铜管。每年6月，这里都会举办“西贝柳斯节”，即以这座公园为中心，举办7～10天的各种音乐会。

哥本哈根

丹麦首都哥本哈根，是丹麦最大的城市及港口，也是历史文化名城及丹麦的政治、经济、文化中心。哥本哈根坐落于丹麦西兰岛东部，与瑞典第三大城市马尔默隔厄勒海峡相望。哥本哈根的面积为97平方公里，人口为67.2万。它是北欧名城，也是世界上最漂亮的首都之一，被称为最具童话色彩的城市。

厄勒海峡大桥在2000年完工后，哥本哈根与瑞典的马尔默可通过车辆和铁路往来，促成了两地人力资源的相互交流，每年利用厄勒海峡大桥的通勤人数不断增加。此外，大桥通车后也让两座城市形成了北欧地区最大的城市群。

在2008年，*Monocle* 杂志将哥本哈根评为“最适合居住的城市”，并给予“最佳设计城市”的评价。哥本哈根在全球城市分类中被列为第三类世界级城市。此外，哥本哈根在北欧地区被评为“设置企业总部的理想城市”第三名，仅次于巴黎和伦敦。

哥本哈根

第五节　旅游的动机

Cohen（1979）建立的旅游者分类模型，确定了以下几种旅游动机：

（1）有组织的大众旅游者（团队——对当地文化接触较少）、个体大众旅游者（同上，但加入个人选择）；

（2）探险型旅游者（舒适而独立——安全前提下的一次独特体验）；

（3）漫游型旅游者（沉浸于当地文化中，没有固定的路线）；

（4）习惯型旅游者（熟悉度高）。

Cohen的分类得到了Plog的进一步发展，他的贡献是划分出旅游者的心理类型，这被许多人认为是一个有创意的研究。Plog（1987）建立了旅游者处于闭联集的理论。自我中心型处在模型的一个极端，这类人“自我约束、多忧多虑、不爱冒险”，表现出害怕飞行、活动范围小、一般比较焦虑等特征；中间型位于模型的中心位置；而多中心型处在模型的另一个极端，这类人“开朗独立、善于冒险”。Plog认为，大多数人处于闭联集的中间段。

关于旅行的欲望和追求，Dann（1981）描述了动机的六个方面，内容如下：

（1）旅游是对未实现的欲望的一种反映——目的地的拉动力回应了动机的推动力；

（2）动机可以是一种幻想；

（3）动机可以被描述成一个可分类的目的；

（4）动机类型可分成向往大自然、喜欢漫游等；

（5）动机受旅游者经历的影响；

（6）动机是一种自定义。

这项工作可以同Mcintosh和Goeldner（1986）的四种动机分类进行比较：

（1）生理动机，与身体和情绪有关，比如减少紧张感；

（2）文化动机，比如渴望看到和了解更多的其他文化；

（3）人际动机，比如结识新朋友的需求；

（4）地位与声望动机，比如希望得到认可和关注以及个人发展以实现自我满足。

Framke（2002）认为，旅游者通常会在家里作出决定。推动因素比诱使因素显得更有力，有人想欣赏大海，有人热爱航行，有人探秘极地冰川。Framke 称，从这个意义上讲，研究目的地和进行其他旅游研究，有助于建立吸引游客前往目的地的营销计划。然而，在邮轮业中，还有更为复杂的影响力需要研究。

第六节　岸上观光

邮轮公司因多种原因提供岸上观光或旅游服务。很明显，这些活动能给邮轮公司带来收入，对公司的赢利作出重要的贡献。对于很多游客来说，这种旅游持续提供一种安全且无质量问题的度假模式。这种旅游是不同文化背景下的相对安全、便于组织和管理的旅游活动，或者说，这是体验一项活动的机会。由于有陪同或指导，这种旅游体验很受散客欢迎。

岸上观光是任选项目，因此，销售和营销是增加收入的重要手段。甚至在乘客登船之前就开始销售。大多数情况下，消费者或潜在消费者是通过邮轮宣传册来了解岸上观光的，宣传册上有很多主要旅游景点的简介。岸上观光是打发岸上时间的最好选择，而且登岸游览也是连接邮轮和目的地之间的一个重要桥梁。

对于邮轮公司来说，销售旅游能获得最佳的经济利益，然而，跟一般意义上的对邮轮乘客的营销一样，销售旅游需要特别关注情境的敏感性。高压销售技巧在这种社区背景下是不能达到预期目的的，因为在这种环境下，游客彼此之间形成了一个和谐的团体，会分享各自的经历。通过巧妙的销售方式，岸上观光销售更有可能获得成功。

一、促销手段

宣传册是介绍岸上观光理念的最初的营销方式，通常，岸上体验是特色旅游的重要组成部分。有些邮轮宣传册向谨慎小心的邮轮旅行者传递这样的信息，即岸上观光是离到访港一定距离内最好的探险方式。在所有岸上活动中，岸上观光的开支是最主要的，在登船之前就有清晰的预订指南。通常，预订指南信息中包含一些引人注目的促销，能满足尽可能早的预订需求。

岸上观光宣传册等信息资料会连同船票一起分发给乘客，这是出发前的主要促销方式或离港之后船上促销的主要手段。为了与乘客保持联系，建立合适的沟通方式，体现真实性，避免与相关法律抵触，销售宣传手册所使用的语言须仔细斟酌。

实际上，所有的公司都会利用自己的网站向访问者在线展示公司的产品。

网络的出现使营销模式发生了变革，也出现了一种新的分销形式。潜在的和现实的顾客可通过访问网站找到更多信息，并进行比较、预订、与邮轮公司沟通以及（在某些情况下）与其他乘客沟通。在市场已经进入网络时代的大环境下，邮轮公司的网站将是推销岸上旅游产品的重要工具。

二、良好的岸上观光的构成

游客选择停靠港或目的地的原因是多种多样的，其中最重要的原因是目的地对游客的吸引力。邮轮公司提供游览活动从而吸引游客，并根据游客类型设计旅游活动。通过这种方式，家庭、老年游客、新婚夫妇、年轻人、单身男女以及其他可识别的细分市场都会获得满足。

邮轮公司应开发能提升邮轮旅游和邮轮品牌形象的产品。游览活动必须提供一份符合邮轮时间表的行程。港口的旅行经营商确定的后勤服务必须与邮轮和乘客的要求相协调。同时，旅游经营商也必须保证游客的健康和安全。

邮轮公司的专业知识或经历很可能产生影响。先前的经验对于与旅行经营商建立关系、了解游览结束时游客期望从码头周边得到的东西、识别哪种游览为游客所喜欢且能得到游客最好的评价，是很重要的。

三、游览活动策划

邮轮公司及其代理商与港口的旅游经营商之间的沟通效果是极为重要的。尽管很多邮轮公司和旅游经营商之间保持着直接的和频繁的沟通，但其代理商依然承担着十分重要的作用。最初，邮轮公司根据燃料和旅行时间等后勤因素设计行程——一个能够销售出去的平衡的巡航计划。旅游经营商与岸上旅游部门合作，设计岸上观光计划，编制旅游手册，规划资源。

制订计划时要考虑的因素包括：邮轮乘客的数量和类型，在港口的停留时间，长途汽车、海船或河船、火车或直升机及轻型飞机等交通方式的便利性和安全性，训练有素的导游也是很重要的。在很多港口，邮轮旅游这种度假形式的发展导致交通拥挤，导致数艘邮轮在同一天到达港口，因此，削弱了岸上观光资源的可利用性，加大了拥挤程度。达到港口的时间可能是利用资源、避免拥挤的重要因素。但是，如果存在过度拥挤和安全隐患等问题，邮轮公司不太可能将这样的港口列入行程之中。

大多数旅游宣传册都包含可靠的、为游客所喜好的选择，既有为期半天的，也有为期一天的。在为游客所喜好的选择中应包括极具吸引力的景点。很难想象，如果邮轮停靠在亚历山大港，游客不上岸参观开罗的金字塔。全天游览通常包括午餐。总的来说，上午游览比下午游览更受欢迎，因为预订上午游览的游客通常喜欢在下午自由活动。一些邮轮公司还提供轿车或小型巴士，以满足那些喜欢与其他游客分开活动的个人、夫妇或小团体。在岛屿目的地，"宴会"旅游非常受年轻人欢迎，包括音乐、跳舞和饮食。文化旅游很受那些喜欢探索和学习的游客的欢迎。还应指出，主题类的邮轮旅游能引起特定旅游类型的游客的兴趣，比如，去新西兰参观葡萄园可能适合于那些对美食主题巡游感兴趣的人，去意大利看歌剧比较适合音乐爱好者。

（一）到达之前

要控制游览的最少人数和最多人数。在离开港口时，岸上观光办公室将会了解实际销售量和剩余的可供销售的数量。岸上观光团队将听取游览内容以及适合特定类型乘客（如行走困难的乘客）的旅游等方面的简介。许多游客喜欢与岸上观光团队成员交谈，以此获得旅游感受，正因为如此，团队成员体验尽可能多的旅游活动对他们是有帮助的，这样他们就可以与其他游客分享他们的经历。

正如前面提到的，港口讲解员在销售环节应发挥重要作用。许多港口讲解员与岸上观光团队协调工作，帮助岸上观光团队把游览内容告知游客，帮助游客作出最好的娱乐选择。港口讲解员也作为伴游陪同游览。他们在作为伴游的同时，还是一个附加的质量控制点，将自己和游客的印象反馈给岸上观光管理者。

大约在到达前一天，岸上观光经理将联系旅游经销商，给出最终人数。旅游经销商在邮轮起航之前就应该知道人数，并大概估计出实际的资源需求。岸上观光导游会决定是否接待接近最低人数的旅游团，旅游经销商也应得到相应补偿，这个决定常常涉及成本收益分析。例如，为满足游客需求，接待这个团失去的收益是否会比取消这个团并引起游客不满的成本更高。如果不是，尽管并没有达到最低数量，岸上游览也不会取消。

（二）到达

船舶快要到达港口之前有一系列的行动，这些行动包括正式清洗船舶，按照港口当局的要求执行各种程序，完成规定的所有行政工作。港口当局清理到港邮轮时，邮轮要泊在码头边，或者停靠在指定的位置。

通常，岸上观光负责人是第一批上岸的人，他们与旅游经销商见面，检查安排是否有序，确保游客能够参加各自的游览活动。上岸流程需要仔细计划，以确保正确的游客在正确的时间到达正确的游览集合地点。

下船前，游客要领取带有彩色编码的徽章，船上工作人员通过无线电进行沟通，协调游客下船进程并指引游客到相关旅游集合点集合。许多邮轮公司鼓励员工陪同伴游，在必要时，他可以代表游轮公司采取行动，并在游客返回船上后对旅游质量进行评价。

观光负责人负责登记返回邮轮的游客，迎接回来的团队。旅游经销商和岸上观光经理共同确认参加旅游的游客数，达成一致后，邮轮公司就可以向旅游经销商支付费用。

（三）导游

好的游览要靠好的导游。导游和游客之间的互相联系是岸上观光或游览成功的基本因素（Collins，2000）。导游根据游客的需求通知、安排接待、游客。随着邮轮业规模的不断扩大，对高质量旅游和高素质导游的需求也在增加。

一般来说，好的导游要拥有较深入的专业知识，而有较强的沟通能力。沟通能力包括流利的语言表达能力、适当灵活的幽默感以及与广大乘客建立良好关系的交际能力。通常，导游还要具有一定的急救知识以及必要时维护自己权利的能力。

思考与练习

1. 邮轮航程设计的原则有哪些？
2. 尝试制定某一主题邮轮航程。
3. 邮轮是如何为游客安排岸上观光的？
4. 天气在邮轮目的地发挥什么作用？

第五章 船上工作

● 学习目的

1. 了解邮轮上的岗位及其职责。
2. 明确事务部的岗位及重要性。

第一节 邮轮上的岗位及职责

绝大多数大型邮轮拥有大规模的设施和活动，这就需要雇用大量员工以确保邮轮这一“度假胜地”能够正常运转并满足游客的需要。通常，邮轮需要招聘管理人员和一般员工（非管理人员），这些人员按照一定的等级制度在各自岗位上负责邮轮的安全行驶和商业活动。这种等级制度是以轮流“值班”为基础的，并由此派生出了一个术语——“值班员”。在很多船舶上，自动化改变了这种严格的 24 小时值班模式，但对于大型邮轮来说，仍有必要保持这种高效、安全和可靠的管理制度。值班任务一般持续 4 小时：08：00—12：00、12：00—16：00、16：00—20：00、20：00—24：00、24：00—04：00 和 04：00—08：00。一般来说，甲板部人员或工程部人员会在一个 24 小时内值 2 次 4 小时的班。

在其他大型船只上，也存在同样的等级制度。但是，与油轮或货轮不同的是，邮轮大部分工作人员都是为游客提供服务的。在现代邮轮业中，雇员分为管理者、乘务人员和一般职员。管理者是指具有特定权力的雇员，他们分布在各个部门，如甲板部、工程部等。服务人员也相应地分配在这些部门中，但数量是最多的。最后一个群体是一般职员，包括商店经理、理发师、美容师、表演人员、赌场工作人员、摄影师，其中有很多是与特许经营者签约而在船上工作的。

由此形成的“轮船公司”是一个庞大而多元化的社区，因规模庞大且情况复杂，要求细心管理和协调。根据 Branch（1996）的观点，邮轮总长在邮轮上具有绝对的权威，这种权威可以代替船舶所有者，如果船舶、员工、顾客或船舶的相关方面出现问题，他有权采取相应措施。尽管邮轮总长和邮轮船长的级别相同，而且通常邮轮船长会担任邮轮总长的职务，但二者还是存在一定区别。

一、甲板部

邮轮总长不仅负责整个船只，也监管航行和甲板部。甲板部主任或大副负责甲板部的日常工作。船舶越大，甲板管理者越多，分别称为二副、三副或四副（确切数量根据船舶大小而定）。该部门负责航行和船舶的保养，甲板部的一位高级职员还要兼任安全员。学员是甲板管理者的候补人。

机组人员职位包括军士长（甲板部）和军士（甲板部）（他们在甲板部管理者的领导下负责监管甲板部工作）、甲板木匠（负责停泊和离港）、舵手（负责掌舵）、初级水手、2 级水手和 1 级水手（后两个职位与甲板部管理者共同负责放哨和驾驶任务）、水手长（甲板手的总队长）、负责日常工作的员工。甲板部雇用的所有水手中，不属于管理者的，就划分到普通水手（OS）（非熟练工）或身体健壮的水手（AB）（熟练工）之列。甲板部还包括特殊职位，如安全防卫。

甲板管理者可以通过他们制服上的纯金色条纹来辨别其身份。总长和船长 4 条，甲板部主任 3 条，大副 2 条半，二副 2 条，三副 1 条半，四副 1 条，学员一般有 1 条或半条。甲板部的标志是钻石。安保人员可通过他们制服上的棕色条纹和标志（大写字母“S”）来分辨。大多数邮轮都有一位环保人员，他直接对船长负责。因为他穿着绿色制服，所以金色条纹很容易辨认出来。

二、工程部

工程部是总工程师管辖的范围，总工程师主要负责船舶的动力、转向和一些电力辅助系统，如供暖、通风、空调、照明及制冷。总工程师还负责燃料、维护和修理。依照船舶的规模和动力系统的类型，邮轮可能需要额外的工程人员和学员，包括电气工程师。

工程部的工作人员包括军士长（轮机员）和军士（轮机员）（他们在工程师的指导下监管机房）、初级轮机员、2 级轮机员和 3 级轮机员。一些船舶上还有一些特殊岗位，如电工。

总工程师有 4 条金色与紫色相间的条纹，总电工有 3 条，一级工程师 2 条半，二级工程师 2 条。该部门有两个标志：佩戴推进器标志的是技术工程人员，佩戴电流图标志的是电工。

三、通信部

通信部通常有一个无线电主任，根据船上需要，可能还会增加额外的无线电人员。该部门负责所有的通信，包括广播、电传、电话以及互联网和卫星通信。通信部与导航员工作合作密切，因此，该部门通常位于靠近船舶横梁位置。

通信部主任的制服通常为 3 条金色和绿色相间的条纹，其他通信部人员与甲板部人员和工程部人员的划分类型一样。通信部的标志是无线电信号。

四、医疗部

毫无疑问，由于邮轮是一个特定规模的社区，当这个社区漂浮在海洋上时，就几乎成了与世隔绝的密闭空间。因此，为保证船上游客的健康及安全出行，船上必须配备医疗队。主任医生（PMO）在众多医务人员或医生的支持下领导这个部门。根据船舶和客户的需要，可能还要安排一个或两个甚至更多的护士。一些船舶还雇用勤杂工，他们通常是普通员工。一些豪华邮轮还会雇用药剂师、理疗师和牙医。

医务人员的制服通常为3条金色和红色的条纹。该部门的标志是罗马主神 Mercury 的手杖（二蛇盘绕，为医者的标志）。在船上提供医疗服务对维护船上游客的健康是必要的。医疗队通过提供专家服务也创造收益，正因为如此，一些邮轮公司将医疗队安排在酒店服务部。

五、娱乐部

娱乐部负责安排邮轮游客（和船员）的所有娱乐活动，因此，雇用的人员众多，包括音乐师、舞者、演员、歌手、社交主持、音响和灯光工作人员、舞台技术人员、客座讲师、港口讲解员、保健人员、保健和运动指导、负责儿童的工作人员和专家等。

六、酒店部

酒店服务人员在员工数量上占主导地位，这取决于邮轮的经营规模。负责这个部门的人通常称为 purser，即酒店经理、酒店服务主管、顾客服务主管（PSD）或执行事务长。从传统意义上讲，“purser”这个术语是指事务长，是“purse”的派生词，但是，不同邮轮公司的使用方式不同。负责酒店服务部的高级管理者有4条金色和白色杠，行政总厨、餐饮经理和副事务长有3条条杠，高级助理事务长、助理餐饮经理、酒吧经理和客房经理有2条半条杠，第二事务长有2条条杠。该部门的标志一般是三叶草。

根据邮轮公司的不同以及所关注的核心价值、顾客类型和提供的产品的不同，酒店服务部可能是较传统的，也可能是较现代的，与现代酒店一样。

第二节　邮轮上的工作条件及现状

每艘邮轮的规模、经营方式和船员的组织结构以及海上工作纪律等都会有或多或少的不同，新员工初上邮轮往往需要一段时间去适应。人们之所以选择在邮轮上工作，很重要的原因是在工作之余也能享受旅行的愉悦。但也有其他原因，如工作类型、薪酬水平、晋升机会和就业环境等。这些都离不开这样的事实——这是一份独特的工作，需要长期工作，签订长期合约。通常认为，服务业面对的通常是那些在工作之余进行社交活动或购物、娱乐的人，而且在非社交时间也会有些具有接待性质的工作。这种观点忽视了接待工作的社交性，即当很多人在玩耍时，工作人员在工作；他们在工作时，我们在玩耍（Douglas，2004）。邮轮的特殊性摆脱了那种被很多人认为重复而无聊、刻板的工作方式。

尽管船上的条件取决于雇主，但最好是提供良好的员工设备，实行与邮轮员工配备相符的管理制度。一艘成功的邮轮会与员工产生和谐的共鸣，使员工为自己的工作感到骄傲，也很享受他们所做的一切。以饮食为例，就餐设备要考虑员工和管理人员，员工和管理人员的餐饮通常由主厨房提供，由副厨师长率领团队专门为员工和管理人员提供能满足来自不同文化背景和不同地区的员工所需要的饮食。为员工 24 小时提供饮食是一项艰巨的任务。但满足员工对饮食的需要是很重要的，只有这样，员工才会获得从饮食中带来的乐趣。有些管理人员可能会跟乘客一起进餐，这是他们公关任务的一部分。

在团队成员能够完成值班任务时，邮轮管理者就会安排某一小组或部门的全体成员休假。如果设施停用，而且员工没有其他任务，也可以休假。例如，船上所有商店在船泊靠岸时必须停业，此时，商店员工就会放假，可上岸游玩。如果值班任务繁重，员工可能就不能上岸。按照海事法规的规定，出于安全和保障的原因，船舶的人员配备不能低于最低标准。

如果船上一名在编人员生病了，该人员就要去船医那里接受适当的治疗。如果病情严重，就会上岸治疗，并可能被送回国内；如果病情不严重，康复后就会返回工作岗位。在大多数情形下，健康和安全法规禁止不健康的员工为游客提供餐饮服务。

一般来说，乘务员住在集体宿舍（船舱），级别较高的人会住较大的船舱，超过一定级别就会单独住套间。任何邮轮上的空间都是有限的，因此建议员工要照看好自己带上船的物品。员工的住宿标准和规格因邮轮公司及船舶而异。跟餐饮一样，要尽可能提供最高标准的住宿，以确保员工的满意度，这是邮轮公司的分内之事。

社交生活通常是船上的一个亮点。与同事亲密无间地工作和生活肯定会加深友谊，大家一起在员工酒吧、办公室或社交场所度过欢乐时光。一般来说，员工酒吧的饮料价格比乘客区要低很多。大多数邮轮上有一个员工俱乐部代表，他通过与委员会商榷，为员工组织一些娱乐活动。员工也可以使用特定设施，包括游泳池、健身房和电影院。船长和高级管理人员负责纪律。

一、船员的个人责任

船员特别是海员，肩负着发展海上运输事业和旅游业，促进国家与世界其他各国和地区的经济贸易关系及文化交流的重要使命。由于船员的工作具有涉外性质，同时又要面对分散和流动的职业环境和国际航运竞争日趋激烈的局面，因而，对船员的个人素质应有特别的要求。

（1）忠于祖国，热爱人民，立场坚定，爱憎分明。坚定维护国家利益，不做有损国格、人格和违背祖国及人民利益的事。

（2）热爱船舶和本职工作，发扬团结紧张、务实有效的工作作风。

（3）刻苦钻研专业技术业务，解放思想，勇于开拓，不断提高思想政治深度和专业技术水平。

（4）遵守国际公约、国内法规和船舶公司的各项规章制度，严守船舶所到国家和地区的有关法律法规，严守国家机密和所在企业的商业秘密。

（5）树立“安全第一”的思想，增强自我保护意识。严守各项航运安全法规制度和船舶安全技术操作规程，积极参加船舶组织的各项安全活动和救生、消防演习；在船舶遇险和发生事故时，应临危不惧，积极抢险，排除故障，控制事故的扩大，最大限度地确保船舶和人员的安全。

（6）树立“旅客为先”的思想。严格遵守旅客管理的有关规定，安全优质地完成任务。

（7）注重文明礼貌和仪表仪容，严格遵守外事交往的各项规定；尊重船舶所到国家和地区人民的风俗习惯。

（8）履行国际义务，发扬人道主义精神。

二、船上工作和生活的特殊环境对船员心理的影响

船员因在船上工作环境中长期生活，形成了一个特殊的群体。例如，船舶昼夜航行，必须采取船员 4 小时轮班工作制，以保证值班时船员保持高度的精神集中和工作的连续性。又如船上的噪声、震动、摇晃都会影响船员的工作能力、身体健康和心理变化。

（一）长期离岸工作和生活的情绪变化

在船舶远洋航行少则几天、多则几月的日子里，船员面对的是一望无际的大海，活动在十分有限的空间里，由于通信手段的限制和通信成本的昂贵，使得船员得到的信息十分有限，甚至会感到闭塞。随着海上生活的延伸，人的心理会产生一系列变化，可能出现情绪烦躁或不稳定、易激动等问题。船员必须要适当调节心理，增强心理承受能力。

（二）工作环境的特殊影响

船上工作的特殊性是多方面的。船舶震动和摇晃将不同程度地使船员感到头晕、劳累。晕船者甚至会出现眩晕、恶心、呕吐等症状，造成注意力不集中、动作协调性变差和准确性降低。海上生活变化无常，虽有风平浪静，也有恶劣海况；既有茫茫大海，海阔天空，也有狭窄水道，险滩暗礁。船员必须在短时间内应对变化迅速的多种情况，时常处于紧张状态，若不能及时调节身心就可能发生危及船舶和游客及自身生命财产安全的事情。实践证明，合理和科学的身心调节是最有效的方法。

三、船员纪律

（一）组织纪律

（1）严格遵守法律法规。

（2）严格执行船舶的作息制度、交接班制度和其他有关方面的规章制度。

（3）服从调动，按要求及时上船工作，严禁延误船期或漏船。

（4）团结友爱，互相协作，不得拉帮结派、挑拨是非、寻衅闹事、打架斗殴。

（5）爱护公共财物和船上设施。

（6）自觉维护船舶工作生产和生活秩序，不准酗酒和进行赌博活动。

（7）严禁吸食、注射、携带及贩运毒品。

（二）劳动纪律

（1）认真履行职责，服从工作分配，保质保量地完成所承担的任务。

（2）不迟到、不早退、不旷工。

（3）严格执行各项操作规程、安全注意事项、防火防爆防污染规则，不得违章作业。

（4）严格遵守船舶航行、停泊值班制度和其他有关规定，确保船舶安全。

（5）值班时尽职尽责、坚守岗位。

（三）涉外纪律

（1）严格遵守所到国家和地区的法律法规以及当地和港口的有关规定，尊重当地的风俗习惯。

（2）在涉外活动中，严守公司的商业机密。

（3）不得私自与境外机构组织人员联系。

（4）不得向境外机构及人员索要财物。

（5）不得进入淫秽场所。

（6）不得接受贿赂和变相受贿。

四、外派船员的职业特点

外派船员一般都是分散在境外的邮轮上工作，首先，劳资雇佣关系明确，必须严格服从雇主；其次，船员须具备较高的英语交流能力；再次，船员文化背景多元化，如何处理人际关系变得十分重要。因此，如何面对特殊的船上环境，做好本职工作，是对外派船员的特殊要求。

（1）严守劳务合同的规定，增强服从意识。

（2）自尊自律，爱国敬业。

（3）尊重同船其他国员工的文化和生活习惯，团结互助，确保各项工作的顺利完成。

（4）严守涉外纪律，严守国家机密。

思考与练习

1．邮轮上有哪些主要部门？
2．每个部门的功能和职责是什么？
3．船上工作和生活的特殊环境对船员心理有什么影响？

第六章
邮轮服务

● 学习目的

1. 掌握邮轮餐饮服务、客房服务、康乐服务的流程。
2. 明确提供邮轮优质服务的重要性。
3. 熟悉邮轮服务的主要内容。
4. 掌握邮轮服务的技巧。

第一节　邮轮服务概述

一、邮轮服务的重要性

国际邮轮的游客来自很多国家，他们对邮轮服务质量的预期各不相同。邮轮服务与声誉、设施和价格等相关联，完美的邮轮服务是产生忠实顾客的首要因素。邮轮公司投入时间和金钱的目的是为了优化邮轮服务，建立良好的邮轮品牌。

乘务人员与游客生活在同一艘邮轮上，朝夕相处，乘务人员有很多机会为游客提供优质的服务，从而使游客的度假时光变得意义非凡。

二、邮轮服务的主要内容

（1）上船与下船服务。邮轮相关部门组织人员在游客登船或离船时列队欢迎或欢送，接运行李，演奏欢快的音乐以示欢迎或欢送。

（2）船长欢迎晚宴与欢送晚宴。船长率领邮轮高级管理人员迎宾，并热情致辞，举行盛大宴会。

（3）邮轮说明会和参观邮轮设施。

（4）安全救生演习。

（5）邮轮购物服务。

（6）邮轮医疗服务。

（7）管家服务。

（8）导游与岸上观光服务。

（9）摄影服务。

（10）邮轮餐饮服务。

（11）邮轮客房服务。

（12）邮轮康乐服务。

第二节　邮轮餐饮服务

邮轮餐饮与一般餐饮有很大的不同，有些游客的旅游动机就是享受邮轮美食，因此邮轮上汇集了世界各国的美味佳肴，来满足不同游客的美食追求和一日多餐的要求，有的邮轮餐厅24小时开放，有些游客一日吃7～10餐，可以说邮轮餐饮服务任务十分繁重。

一、邮轮餐饮服务分类

餐饮服务许可按餐饮服务经营者的业态和规模实施分类管理，分类方式如下。

（1）主餐厅：是指以饭菜（包括中餐、西餐、日餐、韩餐等）为主要经营项目的单位。

（2）自助餐厅：是指以集中加工配送、当场分餐食用并快速提供就餐服务为主要加工供应形式的单位。

（3）吧台：是指以供应酒类、咖啡、茶水或者饮料为主的单位。

（4）甜品站：指餐饮服务提供者在其餐饮主店经营场所内或附近开设，具有固定经营场所，直接销售或经简单加工制作后销售由餐饮主店配送的以冰激凌、饮料、甜品为主的食品的附属店面。

自助餐厅

主餐厅

二、岗前准备工作

（1）早餐不允许吃有异味的食物，如葱、蒜等，不准吸烟、饮酒。

（2）到考勤室打指纹卡后进岗。注意，必须穿工装打卡，不准着便装打卡，不准穿便装进岗。

（3）仪容仪表达到标准。

（4）自检“三宝”——笔、开瓶器、打火机，检查笔芯是否出水顺畅，开瓶器、打火机是否好用，并调整好打火机火苗大小。

（5）10：00准时到岗参加早会，认真听取工作安排及注意事项。

（6）早会结束后，到达本人工作区域做好餐前准备工作：

1）将暖水瓶注满开水，保证温度并将暖瓶壁擦干打亮；

2）擦拭墙壁及家具（如备餐柜、衣架、消毒柜）等部位的灰尘；

3）添加低值易耗品（酱、醋、茶叶、打包袋、牙签等），按各区域标准放入备餐柜；

4）散台擦拭台面的灰尘，包房检查摆台及餐具卫生情况。

（7）10：40自检：

1）仪容仪表；

2）发现蚊蝇及时消灭；

3）了解当日沽清与急推，本餐位订台情况。

（8）10：45上级检查，发现不足立即改正。

三、工作流程

（一）站位

站位标准：女员工站“丁”字步，左脚前，右脚后，挺胸收腹，头正颈直，目视前方，面带微笑，右手搭在左手上，自然放于腹前。

男员工双脚自然分开，与肩同宽，挺胸收腹，头正，颈直，肩平，双肩略向后展，面带微笑，右手搭在左手上，自然背在身后。

（二）迎接客人

当客人经过时要面带微笑，说话声音适中，并点头问好。

在餐厅内无论何时见到客人都要主动问好。

语言标准：11：00 之前，上午好；11：00—14：00，中午好；14：00—17：00，下午好；17：00 以后，晚上好。

当本台客人到达餐位时要伸手示意说：先生/女士，您好，里边请。本区域两名以上服务员上前为客人提供拉椅、让座、挂衣等服务，并提醒老人、小孩坐在里边的位置。散台要为客人罩上衣罩，提醒客人将衣物放在台面下边。

（三）倒茶水

做到“客到、茶到、毛巾到”，要求茶壶下必须加垫碟或茶壶座。

倒茶水时须站在客人右后侧，右脚前，左脚后，身体稍向前倾，左脚后跟微微提起，重心落在右脚上；左手背后，右手大拇指勾住茶壶把，其余四指分开托住垫碟，伸出右臂进行倒茶，茶水倒七分满。倒茶完毕后微微抬起茶壶，使最后一滴茶水顺着壶嘴流到茶壶座上，注意不要将茶水洒到台面上。

如果客人要求将茶壶放在桌上时注意不能将壶嘴对着某位客人。

（四）点菜

1. 准备工作

（1）了解菜牌，了解当日沽清与急推。

（2）了解会餐的性质，如：

1）朋友聚会；

2）过生日；

3）家庭聚餐；

4）晋升庆祝；

5）企业员工联欢；

6）商务会餐；

7）送行、接风；

8）婚宴；

9）周年纪念；

10）政府要员聚餐。

2. 点菜的要求

（1）面带笑容，集中精神，耐心聆听，仔细介绍。

（2）主动向客人介绍特色菜。

3. 点菜的程序

（1）站在客人的右后侧，将菜牌翻到第一页，双手将菜牌递送给客人。

语言要求：您好，这是本店菜牌，请您过目；您喜欢什么口味的菜？我可以为您介绍一下（按先凉菜后热菜、先特色后普通的顺序）。

（2）点完菜以后一定要向客人重复菜名，可以防止记错菜、漏记菜，确认客人是否要改菜。

语言要求：打扰您，我为您重复一遍您点的菜，您看是否需要改动或有没有什么忌口的；（复述后）请问现在可以上菜吗？祝您午（晚）餐愉快。

（3）注明出单方式：特急、即起、叫起。

（4）由部长或部长指定的输单员用 PDA 将菜单输入电脑。

4．点菜的注意事项

（1）注意客人谈话时所透露的爱吃的菜。

（2）客人忌口的食物，如韩国人不吃香菜，佛教徒忌荤，回族人忌猪肉、酒水。

（3）有特殊要求的菜一定要记清楚，下菜单时要注明，如不放葱、不放蒜。

（4）点海鲜（特别是贵重海鲜）必须拿到餐位上或在海鲜池让客人看好，报清斤两、单价，讲好做法，螃蟹和鱼还要写清数量。

（5）介绍海鲜的顺序：鱼、虾、蟹、贝类。

（6）初来的客人不要介绍太贵的菜，要以中、低档特色菜吸引回头客（除非是宴请重要客人时主人主动点高档菜肴）。

（7）急于用餐的客人要建议其点出品快的菜，不要点出品慢的菜。

（8）客人点慢菜（如活海鲜）时要提醒家人此菜出菜慢，以免客人不到出菜时间就催菜。

（9）老人多时要建议点些松、软、烂的菜肴。

（10）对加工后不出数的菜肴要提前告知客人。例如，点活海参时要提醒客人活海参脱水严重，上菜时量会变少。

（11）客人点菜牌上没有的菜时，先对客人讲“您点的菜我们菜牌上没有图片，怕做得不合您的口味，××菜与它口味相近可以吗？”如果客人坚持，则要对客人讲清楚，先询问后厨是否能做并把价格提示给客人，方可下单。例如，客人点一道辣椒圈，厨房可以加工，可对客人说：“您好，您点的辣椒圈可以出品，每盘××元，您看可以吗？”如果不能做就说：“抱歉，您点的那道菜厨房不能出品，换其他菜肴好吗？”同时向客人介绍口味相近的菜肴。

（12）注意人数，控制菜量，适时制止客人点菜。例如，6 位客人点了 8 道以上的菜时（壳多或量小的菜不算），可以对客人讲：“您 6 位客人点了 8 道菜，菜量已经够了，如果不够再为您添，出菜很快，以免浪费，您看可以吗？”

（13）如果客人点菜时犹豫不决，不知道点什么菜好时，应该给客人时间考虑或主动介绍特色菜，不可以表现出不耐烦的情绪。

（14）如果客人点的菜肴沽清，要婉转解释，不可以直接说“没有”之类的否定性语言。

（15）如果不清楚客人点的菜的主配料时要回答“对不起，我马上问清楚再告诉您”。不可以用“不知道、不清楚”等否定性语言回答客人。

（16）点菜时要均衡菜系，不要局限于某一两个菜系，以免出菜慢。

（17）注意菜肴冷热、颜色、荤素、器皿、口味的搭配。

5．点菜时常用的推销技巧

（1）选择问句。用选择性的推销语言询问客人，更容易使客人作出决定。如："请问您是喝啤酒还是白酒？"而不宜说"请问您要点酒吗？"

（2）语言的加法。罗列菜肴的优点向客人介绍，让客人因为你说的优点而对菜肴感兴趣。

（3）语言的减法。向客人说明本店特色，如果没有吃到会感觉很遗憾的。

（4）语言的转折法。首先顺着客人的意思，然后委婉地转到自己所推销的产品上，既维护客人的面子又能顺利推销产品。如："这道菜确实有点贵了，但是我们选用的是最好的……"

（5）语言的除法。就是化整为零，如跟客人解释说："这道菜 280 元一份，每位不过才 28 元，很实惠的。"

（6）借人之口法。顾名思义就是借名人的赞美推销自己的产品。

（7）赞语法。就是在对菜肴介绍时使用赞语。

（8）亲近法。这个方法多用于对熟悉客户推销。如："今天我为您介绍一个好菜，是今天最新推出的特色菜肴，您尝尝如何？"

（五）点酒水

（1）问清楚酒水的数量，特别是啤酒。

（2）如果是夏天点啤酒，要问清楚是冰镇的还是常温的。

（3）点红酒时问清楚是否需要加柠檬、冰块或雪碧调制。

（4）不能强行向客人推销有提成的酒水。

（六）到收银台、酒水吧台将菜单、酒水迅速取回

（1）正确使用托盘。

（2）检查菜肴、酒水的台号、名称、数量输入是否正确，如出现错误立即改正。

（3）检查瓶中是否有异物或沉淀物，如有异常及时更换。

（七）餐中服务

（1）为每位客人至少换三次骨碟（上第一道热菜时、餐中、上主食前），骨刺量或汤汁达到 1/3 时及时为客人换骨碟。

（2）客人要求换毛巾时及时为客人换毛巾。

（3）菜肴吃完时及时撤下空盘。

（4）保持台面、地面的清洁，如有杂物及时清理。

（5）及时为客人添加饮品，斟酒、上菜需要同时进行时先斟酒后上菜。

（6）客人起身敬酒时不要抢着上菜。

（7）如果客人停筷，要看是否是食物有问题。

（8）留意客人的举动，要随时呼应，客人招呼服务员时要回答："您好，请问您有什么需要？"或"您好，我能为您做些什么？"

（9）如果客人衣物掉到地上，要礼貌拾还。

（10）如果点菜时未点主食或主食叫起，应适时提醒客人是否上主食。

（11）适时为客人催菜并收集客人对菜肴的反馈。

（12）在客人就餐快结束时上牙签。

（13）客人添加任何物品要及时输单，避免跑单。

（14）如果客人的需要自己不能解决，及时报告上级，不能知而不理。

（15）处理突发事件。

（16）处理简单投诉。

（八）上果盘

语言标准：打扰各位，这是本店赠送的果盘，祝您午（晚）餐愉快，请慢用。

（1）上果盘前换一次骨碟，以免咸甜共食。

（2）如果果盘用完客人仍未有走意，及时为客人提供添加热茶等服务。

（九）埋单

（1）客人提出埋单时，征求客人意见是否将未开启的酒水饮料退掉，如果需要，及时到酒水吧台退掉并打好预结单回到本餐位。

（2）核对单据，检查所有条目是否正确，避免跑单现象。如果高消费的客人要求打折可找上级或经理酌情给客人优惠。

（3）埋单时站在埋单客人的右后侧，双手送上埋单夹："这是您的账单，请过目。"

（4）埋单方式。

1）现金：接过钱后轻声说："收您×××元，稍后找您零钱和发票。"轻轻合上埋单夹，后退一步，转身离开。注意辨别钱币的真假，如果收到假币礼貌地请客人换一下，不可以直接说是"假币"。

2）支票：请客人同到收银台并请客人出示身份证件和联系电话。

3）银行卡：请客人同到收银台并输入密码。

4）IC卡：到收银台埋单后请客人在结账单上签名确认。

5）打折：如果是重要客人需要打折时，请上级确认并由上级下《特殊结账方式通知单》送到收银台。

6）签单：如果客人要求签单，请上级确认并由上级下《特殊结账方式通知单》送到收银台，埋单时请客人在预结单上签字，写清单位、姓名。

7）免单：请上级确认并由上级下《特殊结账方式通知单》送到收银台，客人就餐结束后不用客人签名直接送客即可。

（5）到收银台埋单，在结账单上签名确认，交给收银员。

（6）回到餐位将剩余零钱和发票交给客人。

（7）如果有剩余食物时主动提醒客人是否需要打包，如需要则为客人打包。

（8）如果埋单后客人未有走意，应继续提供茶水等服务。

（十）送客

（1）客人起身时拉椅送客。

（2）提醒客人带好随身携带物品并为客人检查是否有遗留物品。

（3）送客，为客人拿打包的食物并将客人送到主通道，道别：“再见，欢迎下次光临。”

（4）回到餐位再次检查是否有遗留物品，如果有，及时送到订餐台与客人联系并交还客人；如果客人已经离店，则报告上级，及时登记以便与客人约定归还时间。

（5）迅速翻台并通知订餐台。

（十一）收台

（1）将椅子整齐摆成两排，包房要开门收台，关闭房间里的加湿器并将灯光调暗，如果房间无人及时关灯，注意节能。

（2）撤台程序：

1）先撤布件类，包括口布、毛巾（打成捆放在工作台下）；

2）再撤小件，包括杯、分菜勺、例汤勺、漏勺等；

3）用撤台车将大件撤到后厨指定地点，注意，大件不能放在小件上，要分开放（小件包括骨碟、小汤碗、小汤勺、茶碗）；

4）擦拭台面，先用湿抹布将台面擦拭干净，再用干净的口布将台面打亮；

5）收杂品，包括酒水、饮料瓶子等，送到指定的垃圾箱；

6）按本区域规格摆台；

7）擦地，将椅子归位。

知识链接

邮轮餐饮注意事项

关于就餐着装

船上就餐也是有些讲究的，请不要穿拖鞋、无袖上衣进入餐厅，尊重餐饮礼仪。

关于免费送餐服务

除了固定的用餐时间之外，船上有免费的送餐服务，所以游客可以打电话要求送餐服务，但在一些特殊时段如深夜送餐是要收费的。

关于夜宵

除了船上固定地方的夜宵以外，同样可以打电话要求送餐服务，只要不是晚上在12点到凌晨5点之间，其余时间都是免费的。

关于船上服务

邮轮上每两桌就会安排两名工作人员，其中一个服务员，一个助理服务员。吃饭的时候永远不会发生隔着老远喊服务员的场景出现，他们就在你旁边。上牛排后会主动问你加不加胡椒，点菜前会为你介绍今天的特殊菜都有什么，会建议你点哪个。

关于餐位

餐厅是不固定座位的，到餐厅门口会有领位员安排座位。如不提出要求，一般须和人拼桌吃饭。一艘邮轮上会有数个餐厅和咖啡馆，有些餐厅几乎24小时都提供饮食。邮轮上并不是只有自助餐厅的消费是免费的，很多正餐餐厅也一样免费，可以每天换餐厅，大胆尝试新鲜口味。

第三节　邮轮客房服务

邮轮客房是游客活动的主要场所，一般装饰华美，设施齐全。客房服务人员须提供与众不同的优质服务，以确保客房环境整洁卫生，舒适惬意，给游客带来美好的享受。游客每次上岸观光，服务人员都要为游客清理打扫房间，给游客带来尊贵与舒适的邮轮体验，为邮轮赢得更多的回头客。

一、房型核对

邮轮客房房型繁多，有内舱房、外舱房、海景房、阳台舱房、豪华套房等，有些客房备有管家服务，而且每一层客房价格不同，逐层加价，所以必须进行房型核对。

房型核对是指在邮轮总服务台利用“客房管理软件系统”，按照游客预订的房型进行核对，按照房型及分配的楼层、房号安排游客入住。在游客上船后做好引领服务和行李物品的搬运服务。

二、白班、夜班服务员程序

（一）白班服务员

白班服务员的主要工作是负责迎送客人，安全、准确、及时地为客人服务；确保楼层的安全工作。其工作内容如下：

（1）上、下班按时到值班室签到，参加晨会，并到值班室领取房卡、钥匙和《清洁报表》；

（2）留意值班室张贴的通知；

（3）到岗后，交接好各种服务事宜及遗留问题，尤其要做好钥匙的交接及VIP房的交接情况；

（4）对领班负责，完成领班分派的工作，注意与相关岗位密切配合，做好服务工作；

（5）负责布草、杯具等的清点、保管、交接、送洗、领用工作；

（6）负责迎送客人，为客人及时提供客房服务；为客人准确、及时、安全地提供各项输送服务；

（7）负责钥匙的保管，下班前巡视一次关门情况，及时向领班汇报发生的异常情况，确保船上游客的安全；

（8）完成一定数量的房间清扫和VIP房的小整理工作；做好布草储备、工作车物品的补充工作，并保持工作车的整洁；

（9）保持好工作间、公共区域的卫生，并于每天中午 11：00—12：00 和下午在清扫工作完毕后，各进行一次走廊地面的吸尘，每星期日会同其他班一起彻底清扫消毒间、公共区域卫生；

（10）负责维修房、参观房的监护工作，做好安全工作；

（11）负责检查和清洁离店客人的房间，负责客人送洗衣物的收取，归还工作，并按洗衣单检查洗衣的质量及衣物的数量等情况；

（12）做好与夜班人员的交接工作，完成《清洁报表》的填写。

（二）夜班服务员

夜班服务员的主要工作是负责迎送客人，为客人及时地提供服务，确保安全工作，其主要的工作内容如下：

（1）上、下班按时到值班室签到；

（2）留意办公室张贴的通知；

（3）接受领班的指令，完成分派的工作；

（4）完成与白班服务员各项事宜的交接工作及客用品等的交接、保管工作；

（5）负责为客人提供客房服务和开夜床服务及发放夜间甜点的工作；

（6）检查和清洁离店客人的房间；

（7）负责维修房的监护工作，上班前须认真巡查房门是否关闭，如有异常情况，需及时向主管汇报，确保夜间的安全工作；

（8）负责完成《清洁报表》等的填写工作；

（9）负责及时去前台领取、送还常驻办公室的钥匙，做好清扫工作，并做好记录；

（10）保持好消毒间、公共区域、值班室的卫生及工作车的清洁。

三、清扫员工作程序

（一）离客房清洁工作流程

1．进房

（1）按照进房的程序开门进房，将房门敞开，直到该客房清扫完毕。

（2）将工作车横放在客房门口，调整好位置，工作车开口向着房间内。

（3）拉开窗帘，打开窗户，调整空调。

2．撤床

按规定撤床，并将撤下的布草放进工作车布草袋内，准备相同数量的干净布草放在一边待用。

3．整理器皿

（1）如果客人在房间内用过餐，则将餐具收起，OK 房后送至所属部门。

（2）将烟灰缸内的杂物倒到垃圾桶内，放进卫生间备洗。清理烟灰缸时必须检查烟头、火柴有无熄灭（不可倒入马桶）。

（3）将用过的茶具、杯具等放进卫生间备洗。

4．收拾垃圾

将垃圾桶内的垃圾连同桌面、地面及其他地方收拾的垃圾一同放到工作车的垃圾袋内，同时将垃圾桶内外擦拭干净，换上干净的垃圾袋，将垃圾桶放回原位。收集房内杂志、报纸，并视情况作为垃圾或遗留物品处理，撤出房间。

5．清理卫生间

（1）进入卫生间，打开换气扇，将工具篮放到卫生间适宜工作的位置。

（2）放水冲净马桶，在马桶内喷上马桶清洗剂，注意不能将清洁剂直接倒在釉面上；撤走用过的布草，放入工作车的布草袋内。

（3）撤出垃圾，放入工作车的垃圾袋内，换上干净的垃圾袋。

（4）将烟灰缸、茶具、杯具、皂碟等清洗干净后放回原位。

（5）擦洗“三缸”，地面所需的抹布都应分别备好或清洗拧干，放在一边待用。

（6）清洗“三缸”，注意不能留有任何污迹和水迹。

（7）用备好的干、湿抹布，按顺序对卫生间进行抹尘。

（8）按标准补充客用低值易耗品和其他客用品。

（9）将卫生间地面清洁干净。

（10）检查有无遗漏之处。

（11）关灯，关换气扇。

6．做床

按规定程序做床，并将床归位。

7．整理房间

（1）按照一定的顺序对房间进行抹尘，做到不遗漏、不重复。同时检查房间内需补充的客用品是否补齐，设施设备运作是否正常，有无客人遗留物品。

（2）按照规定数量补充房间客用品。

8．吸尘

吸尘由里到外，特别要注意房间的死角，如沙发缝、窗帘后、床底部等处。吸完后将家具归位，然后关好门窗，拉闭纱帘，把吸尘器放到门口。

9．善后

（1）退出房间前，环视房间四周，检查是否有遗漏之处，若有，应及时处理。

（2）将灯、电器关闭，退出房间。

（3）填写《清洁报表》。

（二）有客房清洁工作流程

客房的清扫同离店房的清洁流程相同，但应注意以下几点。

（1）进入客房时，应严格遵守进房有关规定。

（2）清扫客房时，客人的文件、报纸、书刊等可以稍加整理，但不能弄错位置，更不能翻看；客人的物品如照相机、钱包、笔记本之类不能随意触摸。

（3）清点客房的物品，确认包括“四巾”在内的物品有无移动或丢失。

（4）贵重物品不得移动，并立即上报领班做好记录，记录物品的位置和数量。

（5）清扫客房时，若房间内电话铃响，为了尊重客人对客房的使用权、维护客人隐私，不能接听电话。

（6）房间内有人时，应尊重客人的意见调整空调的温度。

（7）若在整理房间时，客人回来，应礼貌地请客人出示房卡，确定其身份后，征求客人意见进行整理工作。

（8）注意补充客用品。

（三）空净房清洁工作流程

和住客房程序相同，但应注意以下几个方面。

（1）按规定的程序进入房间。

（2）开始清扫，以检查、抹尘为主。

（3）卫生间马桶放水，地漏冲水排异味，抹卫生间浮尘（浴缸水龙头、淋浴喷头隔两三天应放锈水一次，并注意清洗抹干）；

（4）检查房间设施、设备情况，检查天花板有无蜘蛛网，地面有无虫类。

（5）如当天有客（预抵），应将空调室温调到适宜温度，开窗通风，自查后离房填表。

四、做床程序

（一）拉床架垫

站在床的尾部，根据个人情况调整距离，弯腰下蹲双手将床架稍抬高，慢慢拉出，离床头板大约 50 厘米。

（二）开单

用左手抓住床单一头，用右手提住床单另一头，并将其抛向床头边缘，顺势打开床单。

（三）甩单

两手相距 80～100 厘米，手心向下，抓住床单头，提起约 70 厘米高，身体稍向前倾，用力甩出去。床单四周均匀垂下，床单应正面朝上、中线居中。

（四）包角

包床头时，应将床头下垂的床单掖进床垫下面；包角，右手将右侧下垂床单拉起折角，左手将角部分折成直角，然后将右角折角向下垂直拉紧，包成直角，右手将余出下垂的床单掖入床垫下面。每个角都要紧而且成直角。

（五）套被套

被套展开一次到位，被子四角以饱满为准。

（六）铺被子

被子与床头间距约 30 厘米，被头折回 30 厘米，距床头约 60 厘米，两侧自然下垂。

（七）套枕芯

套好的枕芯必须四周饱满平整，枕芯不外露。

（八）放枕头

将两个枕头放置于距床头约 5 厘米处，居中摆放，枕袋口反向床头柜。

（九）铺床尾布

将床尾布平铺于床尾，不偏离中线，两侧自然下垂距离相等，尾部自然下垂，距地面约 1 厘米。

（十）将床复位

弯腰将做好的床缓缓推到床头板并对齐床头板。

五、保养房工作流程

（一）OK 房保养工作流程

（1）按程序进入房间。

（2）每天进房开窗、开空调，进行通风换气。

（3）每天用干布抹去家具、设备及物品上的浮尘。

（4）“三缸”每天要放水一两分钟。

（5）连续空房时，要隔几天用吸尘器吸尘一次。

（6）检查房间有无异常情况，如不符合要求，要在客人入住之前处理好。

（7）设施设备若有故障，应及时报修，不能修复时，应及时通知前厅部。

（8）按照计划卫生情况，对房间内的设备、家具等进行保养。

（9）保养房期间，且谢绝客人入住或参观。

（10）随时检查保养情况，恢复 OK 房后，通知前厅部。

（11）做好记录工作，认真填写《清洁报表》。

（二）空房保养工作流程

（1）按规定进入房间。

（2）按顺序清洁房间，并检查房间内家具、设备等的使用情况。

（3）将电视关掉，将门窗、窗帘打开，调整空调，进行客房通风。

（4）发现设备、家具损坏等事项，立即报修。

（5）房间清扫完毕后，应检查客房是否存在维修问题，若有，及时通知前厅部，将该房间改为维修房。

（6）客人使用过的低值易耗品、棉织品、杯具等，要进行换洗、消毒。

（7）要用指定的清洁剂对物品进行清洁工作，以免缩短物品的使用寿命。

（8）对房间进行消毒。

（9）随时留意该房间的维修情况，并及时与前厅部联系。

（10）维修房期间，禁止客人参观或入住。

（11）维修房期间，卫生工作正常进行。

（12）恢复 OK 房后，通知前厅部。
（13）做好记录，认真填写《清洁报表》。

六、勿扰房清扫程序

（一）登记勿扰房的房号

客房服务员在接班时，将挂有“请勿打扰”牌的房号记在值班记录本上。另外，对从昨晚做夜床时即挂“请勿打扰”牌的房间要特别留意。

（二）电话查询情况

早班领班在每日 12：00—14：00 之间，需向各楼层负责人员查询未整理好房间的原因，如客人一直挂着“请勿打扰”牌，领班先向总机查询该客人是否在，是否已有交代及动向；如为续住客人，则查清客人习性，看是否有不整理房间的记录，如无记录，到楼层及前台了解情况后，向值班的主管报告。

（三）会同相关部门共同处理

（1）当班的房务主管于 15：00 时会同大堂副理共同处理，先由大堂副理通过电话与房内联络，如客人接听，则向客人表明接到房务中心通知，礼貌地询问客人能否整理房间，视客人答复采取作业。

（2）如电话无人接听，则由房务主管敲门两次后，用万能钥匙开门入内查看，若遇到客人将房门反锁（一般酒店的客房房门共有两道锁，第一道锁，关上房门即锁上，第二道锁是房门关上后，由客人自行将内锁或按钮按上，是无法用万能钥匙开门的），需要工程部门将房门整个拆下，以防止意外发生。等状况解除后，由领班通知房务员开始整理工作。

（四）做夜床的注意事项

做夜床时如客人挂出“请勿打扰”牌，房务员需加以记录，于下班前（连同送回客衣）交晚班领班处理。晚班领班每小时须巡视一次，如牌取回，则敲门入内送客衣并做夜床；如一直挂着“请勿打扰”牌，交接时请夜班领班特别注意该房间状况，并保持每小时巡视一遍，夜班领班下班时再交班给早班继续注意。

第四节　邮轮康乐服务

一、康乐服务内容

（一）康乐休闲

康乐休闲项目是具有健身功能的一种休闲体育活动，它必须依赖于现代化设备设施，如运动场、游泳池、健身器材等。康乐休闲既要达到锻炼身体的效果，又要达到消遣、放松的目的。康乐休闲包括器械健身运动、球类运动和游泳运动等形式。

1．器械健身运动

邮轮上的乘客通过在健身中心锻炼，得以放松身心、解除疲劳。健身中心是邮轮必不可少的服务内容之一。健身中心通常灯光明亮，通风设备良好，房内设有各种运动器械，并提供运动衣、运动鞋租售服务。

2．保龄球运动

保龄球又称地滚球，是一种在木板球道上用球撞击木瓶的室内体育运动。保龄球是邮轮必备的娱乐健身设施。它投资规模大，一般邮轮配备的规模多为 8～10 道。保龄球具有娱乐性、趣味性、对抗性和技巧性，给人以身体和意志的锻炼。保龄球是目前世界上较普及的休闲运动项目之一。现代医学证明，打保龄球对于人的肩、臂、腰、背、腿等部位都有很好的锻炼效果，同时还能使大脑得到充分休息。

3．台球运动

台球运动是一种脑力和体力相结合的康乐运动。它是静中有动、动中有静的高雅运动，其无穷的魅力吸引着各个阶层的人士积极参与，所以也是一项大众活动。

4．网球运动

网球运动是一项运动量大小可调节、男女皆宜、深受人们喜爱的娱乐项目。高级邮轮一般都会配备网球场。

5．壁球运动

它是网球的一种派生运动，其打法与网球类似，因此有“软式网球”之称。壁球房的占地面积较小，又在室内，运动不受气候的影响。同时该项目的运动量相对较小，适合大多数普通人锻炼。一般高级邮轮才会设置壁球房。

6．高尔夫球运动

高尔夫球运动是一项高雅的、深受人们喜爱的绅士运动，由于受客观条件的限制，高尔夫球运动很难推广。为了满足人们对这一项运动的需求，各种简化、变形的高尔夫球运动形式应运而生，邮轮一般配有 7～9 洞的高尔夫球场。

7．游泳

游泳能很好地促进身体新陈代谢，改善人的体温调节机能，提高心肺机能，锻炼全身的肌肉，并有效地提高人体各部位的协调能力。游泳已逐渐成为人们日常生活中不可缺少的内容。邮轮一般除配备多个泳池及更衣室、淋浴室、厕所等配套设施外，还配备有救生圈，游泳衣、裤、帽及游泳镜等用品，供客人使用。

（二）保健休闲

保健休闲项目主要是指人们通过接受一定的保健服务，从而达到放松身心、恢复体力、振作精神、焕发活力目的的活动项目。保健休闲主要包括保健浴、保健按摩、知识类娱乐、附属类娱乐。

1. 保健浴

随着人们生活水平的日益提高，越来越多的人开始追求享受，各种豪华的沐浴方式应运而生，而且结合现代人向往健康的心理特点，在沐浴的形式上加入了许多高科技的对人体有益的成分，使沐浴远远超出了清洁的本意，成为保健身体、享受情趣的娱乐项目，大量出现在娱乐场所中。这样的沐浴方式有很多，主要包括桑拿浴、蒸汽浴、香水浴、冲浪浴、矿泥浴、水疗浴、光波浴、牛奶浴、鲜花浴、药浴等。由于它们都具有保健作用，所以将它们统称为保健浴。

2. 保健按摩

保健按摩就是通过专业按摩人员的手法或特定器械设备，作用于人体体表的特定部位，以调节肌体的生理状况，从而起到消除疲劳、恢复体力、振奋精神的作用，具有一定治疗效果的保健项目。

3. 知识类娱乐

知识类娱乐是指邮轮为好静喜雅的游客提供的寓知识于娱乐的休闲活动。人们在紧张的工作和激烈的运动后，在优雅的环境里观看影片、欣赏音乐、阅读书报等，会得到精神上的充分愉悦和完全的放松。

4. 附属类娱乐

附属类娱乐是指娱乐企业根据客人的需求而设置的一些配套服务。其中最常见的是客人在娱乐过程中对酒水、小食品服务的需求。于是，各种酒吧逐渐成了娱乐场所不可缺少的附属设施。它主要包括各种主题酒吧、氧吧、网吧、茶艺吧、咖啡屋等。

二、邮轮康乐服务人员的总则

（1）严格按部门制定的工作程序和标准为客人服务。

（2）熟练地操作和使用各种设备设施。

（3）熟悉各服务项目的竞技规则和服务要求。

（4）负责场所内物品的摆放，做好服务前的一切准备工作，保证所有的客用品清洁无损和营业场所的卫生整洁。

（5）负责申领每日经营活动所需要的物件用品。

（6）熟悉各项营业内容，了解其价格，做好推销工作。

（7）负责将用过的物品分送至指定的地点摆放，并及时补充。

（8）负责做好结束工作，恢复服务场地，为下一班服务。

（9）工作中严格遵守各项规章制度，遵纪守法。

（10）负责工作范围各项设施的清洁和日常保养，发现问题，及时报修。

（11）检查水、电、气的开关阀门是否能正常使用，消除火灾，以确保安全。

（12）遵守交接班制度，全面详细地做好营业报表和交接班记录。

三、邮轮康乐服务的基本技巧

康乐活动类型很多样，相应的服务也各有不同，但迎领、陪练、酒水推销、突发事件处理等贯穿于所有项目，掌握其有关技巧是提高服务水平的关键。

（一）迎领的技巧

客人进入康乐场所后，迎宾员应主动上前招呼，表示欢迎，一方面是表示对客人的尊重，另一方面也可以消除客人的陌生感和紧张感，特别是对初次来此消费的客人尤为重要。对于常来的客人最好能叫出客人的姓氏，如“李先生”、“王小姐”，但不要称呼其职位。领客人就位时，应走在客人的左前方，侧身行走，并用手势引导。目光应照顾到客人，而不是只顾自己往前走，不管客人是否能跟上。

（二）陪练的技巧

陪练服务不是按照标准的规范程序进行，而是因人而异，向客人提供一种“个性化”服务。陪练人员除了必须具备娴熟的技能技术和熟知规则外，还要具备较强的判断力，能够迎合客人的消费心理。由于消费者的经济情况、爱好、年龄、性格及气质等多种因素的差异，促成了千姿百态的消费心理。归结起来，主要有保健、追求时尚、受尊重、获得成就感等心理。服务员在陪练中，若成绩超出客人太多，客人会觉得很没有面子，进而对该项活动丧失信心，可能再也不会光顾这里了；若成绩落后客人太多，客人则会觉得索然无味，陪练就失去了意义。因此，陪练要掌握恰当的火候，使客人玩得尽兴，始终处于兴致的最高点，这样才能满足客人的心理需要，使其成为回头客。相反，不顾客人的需求和情绪，以我为主，这样不仅会挫伤客人的兴趣和信心，还会失去客人。

（三）酒水推销的技巧

酒水推销员是指在一定的娱乐文化环境中，使客人在接受服务过程中得到满足，从而增加酒水的销售。酒水推销是一门艺术，要求服务人员具有一定的酒水知识，掌握酒水的特征，针对不同身份、习俗的客人推销适合其口味的饮品。另外，服务人员还需要了解娱乐活动的特征，懂得哪些娱乐活动可以饮用酒精饮料，哪些娱乐活动只能饮用茶水，哪些娱乐活动可以边娱乐边饮酒水，哪些可以在娱乐前饮用，哪些必须在娱乐活动结束后饮用。要做好酒水推销，必须了解客人的真实需求和感受，而不是把自己的产品强行推销给客人。有针对性地推销会给客人留下良好的印象，这样服务人员所推销的酒水才容易被客人接受。通过规范标准的服务，使客人得到享受。

（四）处理突发事件的技巧

康乐场所是人群相对密集的区域，如歌舞厅、迪厅、游泳场馆等，一旦出现意外，很容易酿成重大事故。康乐场所要有足够的安全通道；管理者要制定周密的安全措施和应急预案；服务人员要对可能出现的停电、失火、拥堵、踩踏等意外事件做好充分的心理准备，及时根据原定的应急预案进行指挥、疏导。康乐场所也是客人层次复杂的区域，滋扰闹事、打架斗殴、盗窃等事件也有可能发生，服务人员要能够随机应变，善于处理矛盾，在控制事态发展的同时，迅速报告上级。在康乐场所常见的事件还包括客人在娱乐活动中身体受伤或突发疾病，如在游泳池溺水、在桑拿室突发心脏病、在健身房肌肉拉伤等，所以服务人员应具备一定的救护知识。对事态有效控制，妥善处理，将会稳定客人情绪，减少事故所造成的损失和降低影响。

思考与练习

1．邮轮餐饮服务与客房服务有哪些特点？
2．简述康乐活动的类型及功能。
3．康乐服务的技巧有哪些？

第七章 邮轮海上安全管理

- **学习目的**

  1. 掌握海上安全的重要性。
  2. 注意邮轮海上事故与风险。
  3. 学会邮轮事故应急。

海上安全事关邮轮产业的生存与发展，关系到游客生命财产的安全与船员生命安全，因此世界各邮轮公司都把海上安全放在首位。尽管如此，仍时有海损事故发生。“泰坦尼克”号的沉没、歌诗达“协和”号触礁、嘉年华“凯旋”号大火、温州“明珠”号撞桥都向人们昭示了这样的现实：由于主观与客观因素的影响，邮轮事故不可避免。

知识链接

2012 年 1 月 14 日，意大利警方以涉嫌谋杀邮轮乘客的罪名逮捕歌诗达邮轮“康科迪亚”号（又译为歌诗达“协和”号）船长弗朗切斯科·斯凯蒂诺，指认这名船长在乘客尚未完全脱险前便弃船上岸。事发于意大利当地时间 13 日晚，一艘名为“康科迪亚”的大型歌诗达邮轮在意大利附近海域触礁搁浅，造成船体渗水，并出现倾斜。事故发生时邮轮上共有约 4 200 名乘客，其中包括来自数十个国家和地区的 3 000 多名游客和 1 000 多名船员。事发后，意大利救援部门出动直升机和船只展开救援，获救人员被暂时安置在邻近的吉利奥岛。当日确认有 5 人死亡，另外还有 29 人下落不明。

据报道，当时乘客们正在邮轮餐厅内用餐，突然，他们听到猛烈的撞击声，然后是恐怖的嘈杂声。虽然船体开始摇晃，乘客们仍然被要求坐在座位上。船员告诉大家，邮轮的电路出了点问题。但是很快，大家意识到问题没有那么简单，整整 45 分钟过去了，乘客一直被告知邮轮只是出了些技术上的小毛病。报道显示，即使当船体开始剧烈摇晃，船员们仍然没有及时放下救生艇。媒体和检方质疑，是船长斯凯蒂诺错误地选择了航线，致使船体触礁。意大利海岸警卫队发言人表示，触礁搁浅的邮轮倾斜严重，有可能完全沉入大海，因此救援工作十分危险。此外，船上许多船员也不专业，他们不知如何指导游客逃生，也不会操作船上备用的紧急救生筏。

隐瞒真相45分钟，船长自顾保命逃离，船员不会救生，当这些因素都集中在一艘有可能沉没的大型船只时，真相惊人了！而当这艘大型船只是一艘豪华邮轮时，更让人触目惊心！实际上近年来歌诗达邮轮发生的意外还不止于此。2011年10月18日，歌诗达“经典”号由于突然变道和一艘比利时集装箱货轮发生碰撞事故，造成邮轮船体右侧较大面积损伤、多名游客受轻微伤的后果。海事部门的事故调查初步认定碰撞事故责任方是歌诗达“经典”号，且不排除人为疏忽的可能。两起重大事故均存在人为失误的可能，作为世界上排名前列的豪华邮轮公司，歌诗达何以面对？

一直以来，我们关心的旅游安全，要么是与飞机有关，要么是与景区有关，要么就是酒店餐饮等方面，而几乎忽略了邮轮旅游。而邮轮在海洋上穿梭，我们似乎忘记了“泰坦尼克”号惊人的沉没场面而只想念邮轮上慵懒浪漫的时光。这次重大事故，不仅暴露出船长潜在的问题，更让人惊心的是，船员“不会指导游客逃生”！我们不禁要问，这些人是如何当上船长和船员的？这些邮轮公司又是如何取得营业执照的？

邮轮一旦进入临近事故状态或事故状态，就必须紧急抢救——应急反应。应急是使海上生命财产和海洋环境摆脱或逃离事故危险，恢复安全状态的活动过程。应急的成败直接关系着生命财产损失和环境损害的程度，所以应急必须是迅速和有效的。成功的应急依赖训练有素的人员、完备的应急设备和器材、高效率的应急预案（如《船舶应变部署表》、《船舶各类应急计划》等）、正确的智慧和良好的群体协同。船舶应急计划和应变部署表由各个公司根据情况编制，但其目的、总原则和程序是一致的。

在海上，船舶是船员和旅客最好的生存基地，用救生艇筏和水中漂浮求生是万不得已时的选择，因此船舶发生危险和紧急情况时，船上人员应竭尽全力应急，使船舶脱离危险，以保全自身的生存空间，直至船舶恢复安全或船长宣布弃船。

第一节 火灾应急

船舶火灾事故发生数量虽位居碰撞、搁浅/触礁之后，但全损率却高于这些事故。船舶一旦发生火灾事故，若处理不当，很容易酿成大祸。故在面对火灾时，船上工作人员应沉着冷静、快速反应，按照相关规则尽最大的能力保障游客生命、财产安全。

（1）船员发现火灾，应立即发出消防警报。就近使用灭火器材灭火，并报告值班驾驶员。总指挥船长闻警应立即上驾驶台指挥。

（2）全体船员听到警报信号后（除固定值班人员外），应按《船舶应变部署表》的分工，携带规定的消防器材迅速赶到现场，按分编四队（消防队、隔离队、救护队和机舱）集合，并做好灭火的一切准备工作。

（3）现场指挥大副应率领消防队和隔离队，迅速搞清火警部位、火灾性质、火情和趋势、火警部位周围的有关物品等，立即报告船长，确定施救方案。

（4）船长和大副指挥各队人员按施救方案投入扑救，还应根据火情发展，及时组织力量和调整部署。

（5）各队职责。

1）消防队在队长、三副和水手长领导下，直接担负现场灭火工作。该队可根据不同性质的器材划分若干小组，如负责 CO_2 灭火系统和蒸汽灭火系统小组、负责水灭火系统小组、负责手提灭火小组等。在灭火中若某类器材不适用，可将该组人员充实到其他各组执行任务。

2）隔离队在队长领导下，根据火情关闭门窗、舱口、风斗、孔道等；在机舱人员配合下截断局部电路和油路；隔离燃烧物质；冷却火区边界和检查相毗连的舱室有无危险货物和易燃、易爆物质，从而迅速隔离，防止火势蔓延。

3）救护队在队长的领导下，维持现场秩序和救护伤员。

4）机舱值班人员在轮机长领导下，尽快启动消防水泵以及时供水，并提供其他应急服务，确保机电设备正常运行。

（6）针对不同部位火灾的措施。

1）甲板以上部位失火时，立即隔离易燃物，封闭货舱各开口。航行中，船长应操纵船舶使火区处于下风方向，必要时停止前进，以延缓火势蔓延和方便灭火。

2）货舱失火时，如果难以进入失火点，使用固定灭火系统是首选；立即停止通风，撤离舱内人员，尽量隔绝空气流通；按现场指挥的命令，正确启闭各路阀门，根据适当的数量使用 CO_2 灭火系统或蒸汽灭火系统，扑灭火灾。

3）居住舱室失火时，可通过探火装置确定失火舱室，关闭防火门，使用合适的灭火剂或消防水扑灭火灾。

4）机舱失火时，轮机长为现场指挥，应率领机舱船员确定施救方案，在大副和消防队的积极配合下，首先使用有效灭火剂或消防水灭火；若火情不易控制，应迅速撤离人员和封闭机舱，使用 CO_2 灭火系统或蒸汽灭火系统（使用固定灭火系统会导致船舶暂时失去操纵能力）。

5）船舶在港内失火时，应立即通知当地消防部门，向灭火上援提供防火控制图，详细介绍火场情况，并予以积极配合，共同扑灭火灾；还应立即停止装卸作业，视情况做好拖带船舶出港准备，机舱应备妥主机待命。

（7）灭火中应始终限制并及时排除积水，不使其随意流淌和积存，以防止弄湿货物，避免船舶因积水减损稳定性而翻沉。

（8）灭火工作完成后，应该核查余烬区，只有当确认无“死灰复燃”可能后，施救人员方可撤离现场。

（9）大副应将起火时间、部位、原因、灭火经过、采取措施、火势受控、货物受损程序、船体及机器设备损伤情况，认真记入航海日志。

知识链接

美国嘉年华邮轮集团旗下的“凯旋”号邮轮日前因为起火失去航行能力，不得不在海上漂流了 5 天，最终被拖船拖进阿拉巴马州莫比尔港口。因为发动机着火，船内浓烟滚滚，船尾下层的乘客们不得不撤离，一直睡在甲板上。客舱里剧烈的恶臭也让很多乘客宁愿待在甲板上。邮轮上的乘客讲到这次令人毛骨悚然的经历时说，在 5 天的漂流期间，他们忍受着溢满的卫生间、破损的地板、食品短缺和倒胃口的恶臭气味。漂流期间，就有乘客通过手机向亲友或媒体描述船上的恶劣情况，比如满是污水的墙面和到处是粪便的船舱走廊。来自美国休斯敦的24岁乘客詹金斯回忆说，当时船上的情况就像影片《饥饿游戏》中的场景，乘客们都在搜寻和储藏食物。29岁的芝加哥女子蒂普敦说，船上的人没有按照规定行事，在自己的舱房或公共卫生间随意大小便。马桶和垃圾桶里满是粪便，墙上也溅着粪便。

第二节 碰撞应急

船舶碰撞事故是发生率很高的海事，95%以上由人为因素造成，所以通过一系列措施可以最大限度地减少碰撞事故的发生。船舶碰撞的应急程序通常包括以下内容。

（1）船舶临近碰撞，应迅速发出警报，通知船长和机舱，召集船员应急。

（2）船长应督促大副和轮机长查明破损部位的损坏情况、有无进水、人员伤亡、油污染情况及程序。木匠应立即测量各污水沟、压载舱和淡水舱位液位，二管轮等应立即测量油舱液位，大副应派专人检测破损部位，及时向船员报告检测结果，以便确定施救方案和判断是否需要外援救助。

（3）当船撞入对方船体时，船长应视情况采取慢车顶推等措施减少破洞进水，尽力使船舶破洞处于下风侧。

（4）若船体破损进水，应组织排水和堵漏，进水严重时应设法抢滩；若碰撞引发火灾或油污染，应按火灾应变部署或船上油污染应急计划处理；如发生人员受伤，应立即抢救。

（5）轮机长应负责机舱内的损害控制，即对主机、辅机、舵机等机舱设备的损害作出估计和抢修，并报告船长；还应按照指示在船舱之间转移燃油和压舱水等工作，提供电力和辅助机械等方面的各项服务。

（6）船舶碰撞双方应交换有关船名、呼号、船籍港、船舶登记号编号和出发港/目的港等情况，船长应向对方船长送交一份《碰撞责任通知书》，要求对方船长签字并盖船章；对方要求本船船长签署同类文件时，仅应明确批注“仅限收讫”类文字。

（7）值班驾驶员应做好详细记录，保存相关海图；船员应向船长如实汇报有关情况；船长负责指导驾驶员谨慎如实地填写航海日志。

（8）若碰撞船处于危机状态，在不严重危及本船安全的情况下，应尽力提供援助，包括救助对方船员或协助被撞船舶抢滩等。

（9）若情况紧急，船长有权请求第三方救助。若碰撞损害严重，确属无力抢救时，船长应宣布弃船。

第三节 搁浅/触礁应急

船舶搁浅/触礁事故，与碰撞事故同为发生率极高的海事。通常由船舶操纵不当、定位失误、走锚、不可抗力等原因导致，但这些事故的 90%以上是由人为因素造成的。船舶一旦发生搁浅/触礁事故，即应按以下程序作相关处理。

（1）航行中发现船舶即将搁浅/触礁时，值班驾驶员应立即停船和尽可能抛双锚；船舶搁浅/触礁后，应立即发警报集合船员，报告船长，通知机舱。

（2）在船长指挥下，现场指挥大副率水手长等检测搁浅/触礁部位情况，木匠测量淡水舱、污水沟、压载等液位，二管轮等应立即测量油舱液位，三副率水手测量和记录船舶四周（尤其是船尾）水深，二副在驾驶台协助船长测定船位和估算潮水等。所有探测结果必须及时报告船长，供作决策。一水应及时按《国际海上避撞规则》显示号灯号型（夜间锚灯和垂直 2 盏红灯，白天垂直 3 个黑球）。

（3）发现船舶进水，应立即按《堵漏应变部署/进水应急计划》，组织排水、水密隔离和堵漏，同时判断可否立即动车脱浅。

（4）轮机长指挥机舱人员检查主机、舵机和辅助械有无损害并告知船长。根据需要换用高位海水吸入阀，以防淤泥和沙子被吸入机械设备。根据船长指示备妥主、副机。

（5）船长应根据各方反馈信息，并结合外界的风流和潮汐情况，进行综合分析和估算脱浅所需拉力，采取适当行动，使船舶重新起浮或保持安全状况。

若船舶在低潮时搁浅/触礁，应积极采取调整前后吃水、减少压载或淡水、转移燃油或压载水、转移部分货物或物料等起浮措施，在下一个高潮到来前做好一切起浮准备。

当船舶或人员安全受到严重威胁时，可以采取抛货措施控制局面，但应尽可能请示公司和报告当局，并及时宣布共同海损。

（6）大型船舶在非低潮时搁浅/触礁，通常难以自行脱浅。若运用本船主机和锚具自行脱浅不成功，船长应立即申请外力脱浅和救援。后援旗舰，船方应尽力固定船位，包括条振幅载荷和使用锚具等。应警惕潮水和风流对船舶强度和稳性的不良影响，防止船舶破损和断裂、打横、被风浪推上高滩、严重横倾乃至倾覆。必要时，应请示船长放下高舷救生艇，以防过度横倾而无法放艇。

（7）二副或值班驾驶员应详细记录船舶搁浅/触礁情况。

（8）搁浅/触礁后发生油污，应按《船上油污应急计划》处理。

第四节　进 水 应 急

船舶进水大都是由搁浅、触礁、碰撞、船舶老旧、水密失效、风浪袭击、造船缺陷、严重横倾、武器攻击等原因造成的。如果进水速度大于排水速度，就会危及船舶安全。船舶一旦进水，应按下列程序和方法应急。

一、通常的进水应急程序

对进水的堵漏应急通常分成排水、隔离、堵漏、救护四队，轮机长、三副、水手长、政委（医生或管事）分任队长。

（1）发现船舶漏损进水，应立即发出堵漏警报（警铃或汽笛二长一短声，连放 1 分钟）召集船员，报告船长并通知机舱。全体船员听到警报信号后（除固定值班人员外），应按《应变部署表》或《船舶进水应急计划》的分工，携带规定堵漏器材，迅速赶赴现场，做好堵漏准备。

（2）现场指挥大副率领堵漏队和隔离队的队长，迅速查明漏损部位、损坏情况和进水量等，立即报告船长确定施救方案，指挥各队人员投入扑救。

木匠测量淡水舱、压载舱、污水沟等液位，二管轮等测量油舱液位，大副率人测定破洞的位置、大小及进水情况。查找漏损部位的方法包括：测量船柜液位；倾听各空气管内有无水声；观察船旁水面有无气泡和漩涡；在舱内听声和目测漏损部位等。

（3）船舶发生漏损后，船长应通知机舱备车，立即采取停车或减速措施，以减少水流和波浪对船体冲击；若已知漏损部位，应用车舵配合将漏损部位置于下风侧，以减少进水量。

（4）一经发现进水部位，应立即通知机舱排水。同时由三副率领隔离队紧闭进水舱四周的水密门和隔舱阀等，使进水舱与其他舱室隔离，必要时应加固邻近舱壁。

（5）堵漏队在水手长和三管轮的领导下，直接担负堵漏和抢修任务，实施行之有效的堵漏措施。船长和大副应根据漏水情况的发展，及时调整部署。

（6）轮机长率排水队使用所有水泵（包括便携式水泵）全力排水，并根据情况注入、排水和移驳压载水，保持船体平衡。

（7）指派木匠定时量水，并派专人不断观察和记录前后吃水和干舷高度变化，估算进水量和排水量之差，判断险情的发展和大量进水对船舶稳性及浮力的影响。

（8）若进水严重或情况紧急，船长应当请求第三方协助，并尽可能选地抢滩。若船长确认堵漏无效，船舶面临沉没时，应宣布弃船。

（9）船长应指示值班驾驶员做好详细记录，向公司和有关当局报告。

二、常用堵漏方法

船舶进水部位主要有船体破口、水密门或舱口、机舱管、尾轴套、海底门损坏部位等。

对于船舶进水，应迅速予以控制，不论能否完全堵住，都能不同程度地减缓进水速度，减轻危险程度，并争取抢救时间。堵漏时，应在能控制船位的前提下考虑减速或停船，尽可能将破洞置于下风，以方便应急操作；堵漏后，应采用适当航速，经常检查封堵处，以防堵塞物脱落。

（一）船体裂缝

船体裂缝不可直接打入木楔，以免扩大裂缝，应先在裂缝两端各钻一小孔，再将橡皮等软物覆于裂缝上，压以木板，用木柱等物体支撑和固定。

（二）船体小破洞

可将船内与破洞大小相当的木塞用布料包裹，直接塞进破洞。如果一个堵漏塞不够用，可用多个堵漏塞。

（三）船体大破洞

如果船内可以操作，可用床垫等卧具填塞，再覆以木板，用木柱支撑固定。

如果破洞水压太大，应在船体外破洞处敷设堵漏毯减少进水量。

如果船内没有操作空间，在船外用堵漏毯能有效地减慢船舶进水和下沉速度，为机舱排水、加固相邻舱壁、抢滩、等待救援争取时间。

大船使用的堵漏毯用钢丝绳或铁链作边纲，中部辅以小号钢丝绳作经纬，用至少两层帆布作面缝制而成，四角应设强力耳环供张索受力，四个角的张索均为钢丝绳。堵漏毯使用时，下端应坠以重物，使其能垂到船底，底索应有足够长度绕过船底，与前张索、后张索、控制索配合，使堵漏毯覆盖于破洞处，然后用绞车等收紧和固定各张索。在堵漏毯被破门钢板或船体突出物挂住时，应妥善处理，避免硬拉而撕破堵漏毯。

第五节 战争应急

（1）船长发现船舶面临战争危机，应立即报告公司，尽可能选择合适的航线避开战区。

（2）如果船舶必须驶入战争海域，应事先作好充分的物资准备、人员准备、医疗准备和其他安全准备，并对应急系统进行全面检查，确保其正常运转。船员和旅客都应遵守船上关于索固物品、保证水密关闭、节约食品和淡水、管制灯火和能量、战区值勤等的临时规定。

（3）船舶抵达战区前，船长应指定专人收听当地战况广播，及时抄收战区航行警告和气象预报，密切注意布雷区等禁航区，了解巡逻线和战争当局对商船的航行规定。船长应设计能快速驶离战区的安全航线并报告公司。

（4）战区航行，应选用能尽快驶过战区的航向和航速。值班驾驶员和水手应加强海空瞭望，谨慎驾驶，认真收听 VHF，做到及早发现、及早通知、及早行动，尤其对海面漂雷应及早宽裕地让清。尽量避免与战区各方发生冲突，以减少不必要的损失。

（5）船舶抵离战争区，必须向公司发送抵离战争区的预报和确报，每天按时间向公司报告船位。

（6）若遇军舰采取不友好或敌对行动，应及时采取变向变速等措施，以减少炮火命中率，并尽可能用无线电报、电话取得联系。若遭到军方袭击，不论是否受损，应立即向公司或驻外使领事馆报告有关情况。

（7）船舶在战区因战争导致消防、堵漏、人落水、弃船、油污应变等应急事项时，按船舶的《应变部署表》或《应急计划》进行。在不严重危机及施救人员和本船安全的情况下，船长和船员应当积极应急。

（8）详细记录航海日志、轮机日志、电台日志。写妥海事报告和事实经过报告；备妥人员伤亡报告和死亡证明书，并处理好死者遗体和遗物；船舶抵达第一港口后，申请船舶检验和货物检验，取得检验报告后交公司处理。

第六节　油污染应急

保护自然环境是21世纪的主题。各国对船舶污染物的排放控制和处罚日益严厉，排放控制已成为港口国监控的必查项目。船上的油类、有毒有害物质、油性混合物、压舱水、船舶垃圾和生活污水等的意外排放和违章排放，都会造成水域污染。船舶一旦发生污染事件，均应迅速反应，竭尽全力控制和消除污染，迅速报告有关当局并听从其指挥，接受当局的调查和处理，赔偿污染损害。污染损害的法律责任属结果责任制。船舶一旦发生污染，除不可抗力类原因，不论船方有无过失，一概按污染损害承担法律责任。超级邮轮“埃克森·瓦尔笛兹”号曾因油污染支付了50亿美元的费用。因此，船舶可能发生或已经发生污染时，每位船员都应全力以赴应急，防止或减少污染损害。目前，国际海事组织（IMO）通过船旗国和港口国，明确要求绝大部分国际航行船舶配备油污应急计划，要求船员照此进行演习和应急。

一、油污染应急计划内容

根据《国际防止船舶造成污染公约》（MARPOL73/78）附则I第26条，在1995年4月4日前，所有从事国际航行的150总吨及以上邮轮和400吨及以上非邮轮，必须配备经主管机关批准的《船上污染应急计划》。制订该应急计划的目的在于，当船舶发生或可能发生油污事故时，指导船长、驾驶员应采取各项紧急措施将损失降至最低。计划必须用船员的工作语言写成，至少包括四方面的内容。

（1）船长或负责管理该船的其他人员报告油污事件的程序。

（2）油污事件中需联系的当局或人员的名单。

（3）事故发生后，为减少或控制油类的排放，船上人员须立即采取措施的详细描述。

（4）在抗污中，为使船上与国家及当地当局协同行动，须取得联系的程序和要点。

（一）计划的报告要求

1．需报告的实际排油情形

船舶出现下列任何情形时，船长应立即向沿海国报告。

（1）船舶或其设备损害所致排油；为了船舶的安全或为了救助海上人命所致排油。

（2）船舶操作中排油总量或油量瞬间排放率超出现行公约的许可值。

2. 应向沿海国报告的情况

（1）影响船舶安全的设备损坏、失灵或出现故障，诸如碰撞、搁浅、火灾、爆炸、结构损伤、进水、货物移位。

（2）影响船舶适航的机械和损坏或故障，诸如操舵设备、推进器、供电系统、必需的船载导航设备的损坏或故障。

每位船员发现上述需要报告的情况，应立即报告船长和值班负责人。

（二）联系人名单

联系人名单包括沿海国联系人、港口联系人和船舶利益方联系人。联系人名单应能保持 24 小时联系畅通，联系人名单应随着联系人的变动和电话、传真号码的改变随时更新。最近的海岸台、指定的船位报告点和海上搜救协调中心通常是备用联系途径。

（三）控制排油的措施

控制排油应急措施包括以下内容。

（1）控制操作性溢油、管系泄漏、舱柜满溢和船壳泄漏。

（2）控制海损事故溢油，即控制因搁浅、火灾或爆炸、碰撞、船壳破损、严重横倾等引起的溢油。

（3）优先行动，船长的优先权用以保证船舶和人员安全，采取防止事故升级的措施。

（4）稳性和应力考虑。

（5）减载。

（四）与沿海国和地方当局协作的联系

船舶与沿海国和地方当局的良好协作，有利于迅速控制污染和减少污染损害。船舶在沿海国辖区内采取控制和消除油污的措施前，应获其批准并听从指挥。

（五）计划书的格式

计划的通常组成：统一的前言、序言，报告要求（何时报告、所需资料、向谁报告），控制排放的措施（操作性溢油、海损所致溢油），国家和地方协作，补充资料（非强制性），附录等。补充资料由图表资料、应急设备、公关事务、记录及保存、计划的复查（定期复查和事故复查）、计划的演习等内容组成，附录包括联系人名单等。对于报告、控制和协作等强制性内容的修改，必须经主管机关的核准。

二、应急措施和分工举例

许多公司的《船上油污应急计划》包括一份《油污应变部署表》，作为油污应急职责的分工框架，见下表。

油污应变部署表（例）

总指挥：船长		
组别	职务	任务与责任
指挥及通信组	船长 大副 报务员 一水	报告沿海国、地方当局、当地代理及船公司 协调指挥各组及当局或合同的清除队，带对讲机联络 在驾驶台负责通信与记录 传递信息及瞭望
除油组	二副 大管轮 水手长 机匠 二水	指挥除油组并用对讲机联络 确定关闭所有排放开口 用吸油材料、木屑及破布清除船上的油污 取出吸油材料、木屑等，消除溢出的油污
溢油回收组	三副 二管轮 木匠 二水 一水	指挥溢油回收组并用对讲机联络 喷洒消油剂（经当局同意） 回收水面溢油 操纵小艇
机舱组	轮机长 机匠 三管轮	指挥机舱组 操作泵 与驾驶台联络及记录
救护组	大厨 服务员	准备救助及其他

非邮轮的操作性溢油应急措施见下表。

操作性溢油应急措施

管系泄漏	1. 立即停止有关操作，关闭管系上的所有阀门 2. 发出溢油报警信号，实施最初的溢油应激反应程序 3. 将事故情况通知供油船（设施） 4. 查明泄漏原因，消除溢油和甲板上的积油 5. 将破裂管系中的油料驳入空油舱或其他燃油舱 6. 妥善保管消除中收集的残油 7. 如溢油严重，应联系外援
舱柜满溢	1. 立即停止有关操作，关闭管系上的所有阀门 2. 发出溢油报警信号，实施最初的溢油应激反应程序 3. 将事故情况通知供油船（设施） 4. 消除溢油和甲板上的积油 5. 将破裂管系中的油料驳入空油舱或其他燃油舱 6. 妥善保管消除中收集的残油 7. 如溢油严重，应联系外援

续表

船体泄漏	1. 立即停止有关操作，关闭管系上的所有阀门 2. 发出溢油报警信号，实施最初的溢油应激反应程序
船体泄漏	3. 确定泄漏油舱，随时测量油位，掌握漏油情况，查处船体的破漏部位和原因 4. 如破漏点在水线以下，应请潜水员探摸 5. 将泄漏油舱中的油料驳入空油舱或其他未满舱，必要时将油驳他船或岸上设施 6. 调整船舶横倾角，以减轻泄漏 7. 清除溢油 8. 择地锚泊，远离养殖区、渔区、海滨浴场、海洋自然保护区等区域 9. 如溢油严重，应联系外援

海损溢油应急措施见下表。

海损溢油应急措施

搁浅	1. 发出应急警报，实施应急反应程序 2. 校测船舶搁浅位置，测量四周水深，确定搁浅部位，了解搁浅水域底质及当地气象和潮流潮汐情况 3. 测量与船壳相贴各舱室中的液位变化情况 4. 如发现船底破损进水，应查清破口部位和破损程度，考虑船体应力和稳性影响，决定是否采取排水堵漏、减载过驳或将破损油舱中的油驳入其他舱室等措施，以阻止继续溢油 5. 如果溢油严重，应联系外援 6. 如果船舶尝试自行脱浅，应评估由此造成的额外损坏是否大于停留在原地直至获得援救
火灾/爆炸	1. 发出应急警报，实施应急反应程序 2. 按本船消防应急部署组织船员控制火势 3. 迅速探明着火部位，查明火情、起火原因及火场周围有无易燃易爆物 4. 调整船向，使着火部位处于下风位置，尽量减低航速和摇摆，避免急剧转向 5. 切断通入失火舱室外的油管和电路，关闭水密门窗和不必要的进风口，向失火舱室施放二氧化碳，防止火势蔓延 6. 如果大量向舱内冲水，会导致船舶横倾和倾覆，应考虑抢滩后继续施救 7. 火灾引起溢油，应迅速查明部位，将破损舱的油料驳入其他完好舱室，同时采取控制排油的措施 8. 如果溢油严重，应联系外援
碰撞	1. 发出应急警报，实施应急反应程序 2. 探明本船和他船的受损情况（在未查明破口对船体稳性和强度影响前，应采取措施保持两船的未分离状态） 3. 测定碰撞部位附近的油舱、淡水舱、压载舱、双层底及污水井中的液位变化，确定船体破损情况 4. 如发现船底破损进水，应查清破口部位和破损程度，考虑船体强度和稳性的影响，决定是否采取排水、堵漏、补焊等抢救措施 5. 如发现破口部位溢油，应迅速查明溢油源，将破损油舱的油料转驳入其他完好舱室，同时采取控制排油的措施 6. 如果溢油严重，应联系外援

续表

船壳破损	1．发出应急警报，实施应急反应程序 2．应迅速查明船壳的破损情况，测定破口附近的油舱、淡水舱、压载舱、双层底及污水井中的液位变化，观测船舶周围有无溢油 3．立即查明破口部位和程序，评估大量进水所致自由液面对稳性的影响，采取可能的排水、堵漏、补焊等抢救措施，尽力保持船舶的稳性和浮力 4．评估船舶的破舱稳性和受损的纵向强度，根据船舶稳性情况，适当调整船舶的压载，保持船舶处于正浮状态 5．如发现破口部位溢油，应迅速查明溢油源，将破损油舱的油料转驳入其他完好舱室，同时采取控制排油的措施 6．如果溢油严重，应联系外援 7．如船舶有沉浸危险需弃船时，应按弃船部署进行，并封闭油舱空气管、测量液和有关阀门
严重横倾	如果船舶意外地发生严重横倾，可能是由于船壳破损、货物移动、两舱间的舱壁破损、不正确的货物装卸、驳油、压载操作、机舱进水以及自由液面等的影响，应采取以下措施 1．停止有关作业 2．发出应急警报，召集船员 3．如在航行中，应调整航向和航速，使船舶顶风航行，尽量减少横摇角度 4．关闭所有水密门窗和甲板开口，防止上浪进水和家具横倾 5．机舱应尽力保证主机、副机、舵机等设备处于绝对安全和良好的技术状态 6．立即查明引起船舶严重横倾的原因，采取适当的纠偏措施扶正船舶 7．用压水扶正船身的方法，应考虑到自由液面对稳性的影响，不能几个舱同时压；可对高舷双层底先压小舱后压大舱、如果还未扶正，可打出低舷侧双层底中的压载水；应避免将低舷侧、双层低舷侧、双层底舱中的水直接移入高舷侧双层底舱，特别是在船舶稳性欠佳时 8．如发现破口部位溢油，应迅速查明溢油源，采取有效的控制排油措施 9．如果溢油严重，应联系外援

油污应急行动属于关键性操作，对各类操作性溢油，制定《应急行动（措施）检查表》有利于迅速正确地实施油污应急措施。

除油类外，可能造成海水污染的还包括有毒有害物质、压舱水、洗舱水、船舶垃圾和生活污水等。违反港口国和港口当局的规定排放，均属于污染事件，船方都必须采取防污染应急措施，具体如下。

（1）发出警报，召集船员准备应急。

（2）立即查明污染源，评价污染规模，拟订应急方案。

（3）实施控制污染源、消除海面污染的应急措施，包括对液体类污染物关闭阀门、船内移驳、堵漏，对散落入海的漂浮物进行打捞。

（4）按当地法律的污染报告规定向当局报告，并听从其指挥（包括接受强制清除污染措施）；向公司报告污染情况。

应急结束后，船方应接受当局的污染事故调查和处理，船长应做好记录并向公司做详细汇报。

思考与练习

1. 船舶发生火灾时，应如何应急？
2. 船舶发生碰撞时，应如何应急？
3. 船舶发生搁浅/触礁时，应如何应急？
4. 船舶突遭炮火袭击，应如何应急？
5. 船舶发生操作性溢油时，应如何应急？

第八章
海事问题和立法

● 学习目的

1. 大体上理解邮轮业是如何与航运业联系在一起的。
2. 掌握航运的商业属性。
3. 了解邮轮业的法律环境。
4. 明确国际海事组织在邮轮经营中的角色。

第一章从历史的角度描述了邮轮业的发展，本章将更加全面地分析现代航运业的本质，进而帮助学生更加深刻地理解邮轮业。在国际邮轮领域，为了确保某些预防措施的实施，邮轮经营者会受到许多约束。所以，为凸显关键因素，需要审视法律环境。对很多组织而言，法律问题是头等大事，这些组织通过制定法律框架并要求经营者遵守而从中受益。正因为这一原因，为了阐述它们在邮轮业和航运业中的重要性和参与性，本章将简要介绍主要海事组织。

第一节 航 运 业

一、概述

第二次世界大战结束后，喷气式飞机取代似乎不可战胜的横渡大西洋的邮轮，成为最受欢迎的远程交通工具。在过去的三十年里，邮轮业虽然开始复兴，大型邮轮公司也获利颇丰，但从航运业的角度来看，仍然存在经营效率、公平交易、环保和安全等一系列影响广泛的问题。

根据 Farthing & Brownrigg（1997）的观点，航运业是所有行业中最具国际性的。这种观点揭示了横渡国际海洋的货运和客运的性质、船只和员工的性质，因为船上员工通常来自多个国家。然而，事实上，把航运业表述为行业集合更为合适，见下表。

航运业的构成

湿货舱	运载湿货，如油料、化学物质、石油以及任何以灌装形式或特殊设计的容器来装载的液态

续表

干货舱	运载干货，如铁矿石、煤、粮食、化肥以及糖料
定期货轮	按待定时间表进行运载集装箱或容器的定期班轮
沿海及海上短程运输	有时候亦称为不定期船，这些船舶提供除公路或铁路以外其他运输货物的方式
邮轮或客舱	邮轮比客舱更常见一些，但如丘纳德的邮轮仍然提供一些客舱服务
轮渡	常提供定期轮班式服务，来运载乘客或小轿车等其他交通工具
近海经营	这个部门包括油气钻塔，支持海上矿物勘探

根据《劳埃德船舶年鉴(2004)》，2003 年全世界有 89 899 艘船舶，共计 60 521.8 万 GRT（总注册吨位）。航运和物流经济研究所（ISL）认为，截至 2003 年，大约 73.5%的世界邮轮船队归三家主要公司所有：嘉年华公司占 41.7%，皇家加勒比占 22.9%，丽星邮轮占 8.9%。全球邮轮所有权可能正在整合，但也有证据表明，很多邮轮的管理权和所有权也属于拥有者——经营者之外的主体(Pan-aydes，2001)，包括包租者、租赁者和管理服务提供者。

一些公司，如路易斯邮轮公司，拥有一支船队，其部分邮轮是包租给旅游经营商的（Cruises，2005）。其他公司，如 V 邮轮公司，则为邮轮公司提供工作人员和管理服务（Cruises，2005）。汉萨（Hanseatic）是小型船只的典型，它目前长期租赁给德国邮轮经营商 Hapag Lloyd（Cruises，2005）。这种复杂的所有权和管理权，对于当前邮轮产业的很多邮轮经营商而言，是学习、了解相关法律的基础。

二、法律环境

公海航行自由的理念源于 1982 年《联合国海洋法公约》作出的规定，并于 1994 年 11 月开始生效。此公约实际上为所有在海上、海中或海下（包括在海床上面和下面的活动）进行的活动提供了保护。

该法律的一项重要内容是承认国家专属经济区（EEZ），即从国家领海基线向外海延伸 200 海里的海域。公约规定，公海允许自由航行，船只有进入权、经过权，或者二者都有，进入专属经济区则受一定的附加条款约束。这项法规是集体国际协议的案例之一，其目的是允许自由进出、公开竞争和经济自由，从而让联合国所有缔约国受益。

三、船舶国籍、注册和旗帜

术语“国籍（Nationality)”、“注册地（Registration)”、“旗帜（Flag)”有时候像同义词一样使用，但并不完全准确。确实，即使没有其国籍的证明文件——没有注册，人们也会相信一艘船舶拥有某一国国籍。注册后，船舶就会有正式的官方记录，它就具有某一国国籍。注册为船舶的所有者、经营者和员工规制了法律框架。国际公约规定，注册使船只归属于某一特定国家，接受该国管辖，受该国保护，并有权悬挂该国国旗。国家法律规定，注册保护所有者的名称以及那些拥有船舶股权的人们。而旗帜是一种象征，作为一种身份标志挂在船尾。

除前面提到的法律方面外，船舶国籍及船舶所有者的注册也会带来严重问题，影响经营成本。一些国家要求在该国注册的船舶全部雇用该国公民或者雇用一定比例的该国公民。例如，美国在船员雇用、船舶建设及船主要悬挂国旗方面是最为严格的国家之一，当前，悬挂美国旗帜的从事近海贸易的船舶上的人员雇用规定是，所有官员、引航员和 75%的其他方面的船上工作人员必须是美国公民或者美国居民。另外，从事近海贸易挂美国旗帜的船舶必须归美国公民所有，必须由美国造船厂建造，这种建造要求适用于整个船体、上层结构以及船舶装修材料的主要部分。

邮轮的注册国家除本国外，还有多种选择。这样做的原因和好处有很多，具体如下。

（1）在冲突事件中保持中立。

（2）降低税收。

（3）降低注册费用。

（4）降低人员成本。

巴拿马、利比里亚、塞浦路斯、巴哈马以及马耳他被并称为世界上最大的五大舰队，因为这些国家的船舶注册手续更为简便，经济条件极具吸引力，在为船舶经营商提供补给方面十分高效，所以大部分邮轮公司都在这些国家注册。由 ISI 得知，世界上几乎一半的邮轮船队属于巴哈马和巴拿马。巴哈马、巴拿马和利比里亚以前曾主导着邮轮产业，但在 2003 年，由于西非国家政局不稳，有 19 艘原来在利比里亚注册的邮轮改为在巴拿马注册（ISL，2003）。

据国际邮轮协会（ICCL）（2005）的资料，为邮轮提供国旗注册的主要国家有英国、利比里亚、巴拿马、挪威、荷兰、巴哈马以及具有严格规定的美国。所有这些国家都是国际海事组织（IMO）的成员国，该组织对海事安全问题而言是极其重要的。

ICCL 界定了有效注册旗帜必须满足的许多因素。一是船旗国必须是 IMO 的成员国，必须遵守 IMO 的所有海事安全条例和公约；二是船旗国必须已设立海事机构，并执行所有国际的和该国的法律法规。主要旗帜注册地提供综合的海事专业知识和行政服务，另外，旗帜注册地在发放客轮证书之前，必须对邮轮进行年度安全检查，并利用公认的分类标准评价邮轮遵守所有国际的和船旗国的标准的情况。

第二节 海洋污染法

MARPOL 是国际船舶污染防治公约的缩写，由“海事（Marine）”和“污染（Pollution）”

两个单词的前三个字母构成。MARPOL 公约已在约 90 个国家批准生效，包括美国和世界上大部分其他海洋国家。公约规范了潜在海洋污染（包括石油、化学物质、垃圾及污水）等一系列海事问题，并要求进行妥善处理或适量排放。在美国经营的所有船舶也必须遵守美国的法律，包括《污水处理法》和《油污染控制法》。同样，在其他国家经营的船舶也应适当注意适用的补充规定。在美国，邮轮业协同很多部门一起探索富有成效的环境保护措施，包括美国海岸警卫队、环保局以及其他联邦和州的监管机构，还有海事组织，如海洋保护和海洋倡导者中心。

ICCL（ICCL，2005）将 MARPOL 解释为通过邮轮业经营来进行废弃物管理（见下表）。在行业废弃物管理标准方面，作为 ICCL 的成员，邮轮经营商同意将以下关于废弃物流管理标准作为其安全管理系统的一部分。

ICCL 行业标准 E-Ol-01 第二修订版（2003）

ICCL 成员致力于保护海洋环境，特别是船舶航行区的海洋原生态条件。本行业的环境标准很严格，也很复杂。由国际海事组织得知，美国和其他海洋国家制定了统一的行业标准，适用于从事国际贸易活动的所有船舶。国际防治船舶污染公约（MARPOL）阐述了这些标准。另外，美国还对其水域的船舶进行管理，所有邮轮都要遵守美国的法律，如《联邦水污染防治法》、《船舶污染防治法》以及适用于上岸的有害废物处理的《资源保护与回收法》。美国海岸警卫队负责执行国际公约和国内法律。邮轮采用复杂的废物管理技术和工序，这揭示了邮轮业的环境保护的责任

ICCL 成员负责以下内容

1. 设计、指导和经营船舶，确保其环境影响最小化

2. 发展新技术，以超越当前环境保护的要求

3. 实现 MARPOL 公约附件 V 中固体废弃物零排放标准，利用更加复杂的废弃物处理工序，来大大减少船舶上产生的废弃物

4. 开发废物减少策略，包括最大限度地重复利用和回收，以尽可能减少上岸废弃物

5. 改善收集和转换有害废物的步骤和做法

6. 强化综合措施，监督和监管船上的环保措施和相关程序，以确保遵守国际安全管理条例中关于船舶安全经营和污染防治的规定

“灰水（Graywater）”和“黑水（Blackwater）”是邮轮上乘客或员工产生的废水类型。灰水是在淋浴、洗涤槽或水池中以及在食物准备过程中产生的，而黑水指的是污水。在邮轮上，这两类水都要根据行业监管要求进行处理，这通常比政府规定的更加严格，要求更高，相关标准见下表。

垃圾管理标准（2003）

1. 照片处理：包括 X 光液态废弃物处理。邮轮成员已同意将银的排放量降至最低，通过利用最好的处理技术，将废蒸气中的银含量降至规定的标准以下

2. 干洗废弃液和污染物质：邮轮成员已同意防止将氯化干洗液、沉淀物、污染的过滤物质以及其他干洗废弃物副产品等排放到环境中去

3. 打印店废弃液体：邮轮成员已同意阻止将打印材料（墨）和清洗化学物质产生的有害物质排放到环境中去

4. 照相复印和激光打印机墨盒：邮轮成员已同意采取措施，以便将照片复印和激光打印机墨

盒回收利用。无论如何，总要把墨盒带上岸

5. 未使用的和过期的药物：邮轮成员已同意确保将未使用的或过期的药物按照法律和环境的要求进行安全有效的处理

6. 日光灯和水银灯泡管：邮轮成员已同意将用过的日光灯和水银灯的灯管进行适当回收，或者利用其他可接受的方式进行处理，避免水银流入环境

7. 电池：邮轮成员已同意禁止将用完的电池抛弃到海洋环境中去

8. 舱底污水和含油污水残留：邮轮成员已同意遵守或高出国际标准，即在排放前将油从船底污水和废水中分离出来

9. 玻璃制品、硬纸板、铝制和钢制罐头：邮轮成员已同意，通过不断增加重复利用和回收，最大限度地消除将 MARPOL 公约附件 V 中的废弃物处理倾倒进海洋环境中。他们还同意，如果不按 MARPOL 公约和其他通行要求经过适当加工和处理，就不会将任何废弃物排放到海洋环境中去

10. 焚烧物：邮轮成员已同意，通过最大限度地减少废弃物和最大限度地回收利用，减少焚烧物

11. 灰水：邮轮成员已同意，灰水只有在船舶在行进中且速度不低于 6 节时才能排放；在港口、离岸 4 海里内以及当地管辖权或当地法律规定的其他距离范围内，不得排放灰水，除非情况紧急或在有地域限制的地方。邮轮成员还同意灰水的排放要遵守所有现行的法律法规

12. 黑水：ICCL 成员已同意，所有的黑水在排放前都要经过船用卫生设施（Marine Sanitation Device，MSD）的处理，确保与美国或国际规定保持一致。只有当船舶离岸超过 4 海里、航行速度不低于 6 节时才能排放

在美国，海岸警卫队制定了船舶向海洋倾倒垃圾的规定。在美国的规定里，向任何水中倾倒塑料垃圾以及混有塑料的垃圾都是违法的，而且，规定还限制倾倒非塑料垃圾以及其他形式的废物。这些条款适用于所有的美国船舶，无论它们在哪里经营（除在别国专属管辖下的水域），还适用于在美国包括专属经济区（离岸 200 海里）及其附近水域的外国船舶。

第三节　海上生命安全法

海上生命安全国际公约（SOLAS）最早是在 1948 年开始实施的，它被称为“有活力的（Living）”文件，即它是一个不断修正、升级的文件。SOLAS 公约关注与海事安全有关的国际规则的制定，包括救生、消防及船舶的稳定性。据美国海岸警卫队资料，政府部门按下列方式监管邮轮的安全（US Coast Guard，2004），更多信息见下表。

由美国海岸警卫队执行的安全监管（美国海岸警卫队，2004）

就船舶安全而言，在美国注册的邮轮需遵守一套综合的海岸警卫队安全规定，每年要受海岸警卫队的检查。这个安全规定的内容包括：船体结构、水密的完整性、火灾最小化的结构要求，救生、消防和船舶控制的设备要求以及与船舶安全导航有关的要求。如果船舶通过年检，则会颁发一个海岸警卫队检查证书，有效期为一年。证书必须放置在乘客可以看得见的地方

尽管也有一些邮轮在美国注册，但目前的情况表明，大部分邮轮不是在美国注

册。那么对于这些船舶来说，安全检查就要在其注册国执行。美国海岸警卫队要求任何船舶，不管注册地在哪，如果想在美国港口起航，都要符合 SOLAS 公约要求。美国法律希望任何在美国宣传的邮轮公司都要公开其邮轮注册地。SOLAS 公约在其管辖范围内具有深远影响，并要求严格遵守相关规定，涉及配备防火、灭火、救生设备，邮轮的完整性与稳定性，船舶控制，航行安全，船员招聘和培训，安全管理以及环境保护。

海岸警卫队按照 SOLAS 公约的要求检查所有首次到达美国港口的邮轮。之后，按规定，每季度对船舶进行检查。检查记录（称之为控制核查监测）可以供公众详细查看。检查者参与邮轮上的这些监测，核实消防安全，确认救生设备室可用且按要求置于合适的位置，检阅在船员指导下进行的消防演习和弃船演习，同时测试关键设备，如转向系统、消防泵和救生艇等。在同意船舶在美国口岸搭载乘客前，海岸警卫队有权要求纠正任何不足与缺陷。

SOLAS 公约要求船长安排和执行周期性的消防和救生演习，目的是既给船员练习的机会，也向乘客演示邮轮板上发生严重事故或紧急情况时应采取的紧急措施。为此，SOLAS 公约希望所有乘客都要参与这些演习。演习是根据航行的持续时间来安排的。对于为期一周的航行，第一次演习时间安排在所有乘客都已上船，起航之前立即进行。若巡航时间超过一周，每隔一周要进行一次演习。对于为期少于一周的航行，演习要在离开母港 24 小时以内进行。

公告会张贴在每间客房或特等客房里容易清晰看到的地方，所提供的是通俗易懂的安全方面的信息，内容如下。

(1)如何识别邮轮上的紧急信号(一般会通过公共广播系统发布警铃和口哨信号，以补充公告)。

(2) 房间里的救生圈的位置（如有必要，客房服务员会提供儿童专用的救生圈)。

(3)说明书和图片，用以解释如何使用救生圈以及特定房间里乘客救生艇的安排。现代邮轮带有多种多样的救生艇。在紧急情况下，乘客会被安排到救生艇或其他类似的救生设备上。

酒店部门的工作人员在安全程序方面发挥重要作用，甚至可能是关键作用，他们一般负责协助和指导乘客进行应急演习。

规定要求，指引乘客通往救生艇的指示标志要张贴在邮轮的走廊上和楼梯口。负责每艘救生艇的船员要集中或者调动乘客，安排到他所负责的救生艇上，并最后一次说明如何正确穿上和调整救生圈。如有必要，船员应准备好帮助乘客以及阐明应急步骤。

第四节　卫生与清洁法

在美国，由公共卫生署（USPHS）负责维持客轮卫生条件的监管。根据船舶卫生计划（VSP)，USPHS 指导在美国港口的客轮进行定期和不定期的检查，主要检查饮用水、食物储备、食物配置和处理以及总体卫生条件。USPHS 向公众公布每艘船舶的检查结果，并将每艘船舶的不卫生情况记录在案。在其他国家，类似检查由国家机构执行。例如，澳大利亚由检疫检验局执行，英国由港口卫生局执行，加拿大由公共卫生局指定环境卫生官员执行。

邮轮公司非常重视这些检查，因为，如果邮轮公司照此规定执行，就会获得最好的利益，确保安全并获得高分。

第五节　海事安全法

海事安全（MARSEC）法规定了邮轮上工作人员的工作能力的培训、能力证书发放和值班等事宜，目的在于确保实施安全措施，并为乘客和员工提供安全的环境。在2001年“9·11”恐怖事件之后，海事安全法特别重视应对潜在威胁。在海事安全法出台之前，国际海事组织操控着国际安全管理法（ISM），其内容涵盖了强制性的安全措施及防污标准。海事安全法包括已颁布实施的培训、发证和值班方面的标准（STCW）。2004年7月，为缓解航运安全的紧张局势，在全世界范围内引入了国际惯例。

海事安全法要求邮轮上必须设置一名船舶安全官员，由其负责邮轮的安全计划。安全官员一般是高级甲板官员，负责时刻监管，其职责包括制订邮轮安全计划，确保对负责人和员工进行适当的、足够的培训，确保邮轮遵守安全计划，熟知国际法、国内法规、当前的安全威胁、安全问题等。

邮轮安全官员担当着邮轮、相关部门以及公司安全官员之间的联络员的角色。一般来说，此人将参与风险评估、制定战略以及评估薄弱环节。海事安全法将安全状况分为三级：

（1）一级——安全风险最小；

（2）二级——发生安全事件风险较高；

（3）三级——在限定时间内可能或即将发生安全事件。

港口会将威胁级别及时通知船舶，因此，船舶会有充足的时间来考虑最佳对策。如果威胁高出了港口所声明的级别，船长可以评估威胁的级别。根据美国联邦政府的规定，在美国，码头经营者和邮轮公司共同对岸上和船上的乘客安全负首要责任。海岸警卫队检查所有的安全计划，而且可以要求对安全措施进行改进。踏上国际航程之旅的乘客在上船之前，其行李一般会被搜查或者经过检查设备检查。码头经营者和邮轮公司为乘客身份识别和访客管制设定了严格的程序。在起航之前，希望有朋友参观邮轮的乘客要提前跟邮轮公司核对好。所有这些安保措施的目的是防止非法武器和非法人员上船。

第六节　金融可靠性

美国联邦海事委员会要求，从美国港口出发的、承载50人及以上的客轮经营者必须具有金融信度，如果航行取消，须有能力赔偿顾客。委员会还要求提供支付能力的证明，如果乘客受伤或死亡，经营商要承担一定的赔偿责任。委员会没有确保单个顾客的这些金融结算的法律权力。

如果航行取消或者航行中发生受伤事件，消费者需要以个人名义向邮轮公司索赔。很多世界上最大的金融和保险公司为航行提供保险业务，例如，伦敦的劳埃德协会及美国海事保险协会等。

第七节　海事组织

有必要了解海事行业或邮轮业的组织，以下列举并描述了一些组织，其中一些已在前面提到。

一、国际海事组织（IMO）

国际海事组织（原名为政府间海事协商组织）成立于1948年，其职能是寻找促进政府间进行海上安全和惯例协商的途径。国际海事组织是连接国际航运条约和公约的纽带，负责确保邮轮遵守法规，尽管这些规定主要由船旗国或船舶注册地所在国负责实施。“港口国监督法”对船旗国的规定的执行情况是一个很好的补充，即邮轮访问的任何国家的官员都可以检查挂有外国旗帜的邮轮，以确认邮轮是否遵守国际要求。

国际海事组织的标语——“安全、可靠、高效地航行于清洁海域之上”，十分精确地诠释了该机构的使命。尽管看起来工作量似乎很大，但由于是每个国家各自执法，所以该组织的规模较小。国际海事组织在制定和实施很多重要条约或公约方面发挥了重要作用，包括前面提到的SOLAS公约、防污公约（MARPOL公约），以及SOLAS公约里的国际安全管理条例（ISM）和海员培训、发证和值班标准（STCW）。美国海岸警卫队在该国际机构里代表美国。

二、船级社

船级社的主要职能是对船舶进行定期检查，以确保船舶能够出海并与船级社的规定相符。船级社也检测邮轮是否遵守国际安全条约，包括SOLAS公约、STCW公约以及MARPOL公约。主要船级社包括美国船级社、英国劳埃德船级社、挪威船级社、法国船级社和意大利船级社。

三、国际邮轮协会（CLIA）

国际邮轮协会是一个市场营销和促销组织，其成员包括23家邮轮公司和大约19 000家北美旅行社。该协会成立于1975年，专门宣传邮轮旅游。协会还承担培训任务，这符合其宗旨——“培训旅行代理人和提升邮轮度假体验的价值、满意度和支付能力”。国际邮轮协会与国际邮轮理事会于 2001 年合并成立了邮轮公司联盟，负责发布行业信息。

四、国际邮轮理事会（ICCL）

国际邮轮理事会是一个贸易协会，其成员包括主要邮轮公司以及供应商和行业伙伴等非正式会员。其宗旨是“参与规则和政策制定，确保采取各种措施以提供一个安全、可靠和健康的邮轮航行环境”，该理事会在这些方面发挥着重要作用。为了达到这一目标，协会分析和解释国际航运政策，并就许多方面为其会员提供建议，包括安全、公共卫生、环境责任、安全防卫措施、医疗设备、游客保护和法律行为等。为了担当起这一角色，ICCL 与重要的国内和国际监管机构、政策制定者和其他行业伙伴开展密切合作，已成为一个为国际海事组织服务的国际性的非政府咨询机构。

作为一个代表性协会，在其能力范围内，ICCL 的目的是确保实现以下目标：

（1）为乘客和员工提供一个安全、卫生、可靠和充满关爱的邮轮环境；

（2）使船舶经营对海洋环境和海洋生物环境的影响最小化；

（3）遵守监管规定并努力引导完善海事政策和程序；

（4）规范环境以促进行业的持续增长；

（5）为各行各业的人们提供一个安全、支付得起的、愉快的邮轮体验。

五、佛罗里达-加勒比邮轮协会（FCCA）

这是一个贸易组织，成立于 1972 年。当时的目的是为 13 个邮轮品牌提供一个讨论与其相关的经营问题的论坛。该协重点关注立法、旅游开发、港口安全、安全防卫和其他问题，并提出解决方案，这些方案是合作和伙伴关系的成果。

FCCA 还进行有针对性的培训，如港口出租车司机的顾客服务计划，并开展邮轮旅游的影响研究。为发展慈善事业，该协会还成立了一个慈善基金会，旨在改善那些最需要帮助的人的状况。

六、西北邮轮协会（NWCA）

西北邮轮协会是一个非营利性组织，其成员包括在夏威夷、加拿大、阿拉斯加以及西北太平洋的 9 家邮轮公司。协会成立于 1986 年，最初是提供安全服务，后来又在包括法律法规问题在内的政府关系方面发挥了不少作用。另外，为促进环境保护、经济发展及其他与行业相关的事宜，该协会还致力于维持与邮轮目的地社区的积极关系。

本章概述了邮轮和航运相关的一系列海事问题，强调了国际海事组织的重要性，并评述了当前保障乘客和员工航运安全的大量规章制度。各类组织支持着该行业的发展。有些组织，如 CLIA，在市场营销方面发挥作用；而有些组织是区域性的，如 FCCA 和 NWCA，在特定领域内代表邮轮公司的利益。ICCL 开展与政府和 IMO 的合作，政治色彩较浓。

思考与练习

1. IMO 是指什么？其主要职能是什么？
2. 解释下列简称：
（1）SOLAS；
（2）MARPOL；
（3）MARSEC。
3. 船舶卫生计划的目的是什么？
4. 比较 ICCL、CLIA、FCCA 和 NWCA 的异同。

参 考 文 献

[1] 中国交通运输协会邮轮游艇分会，上海市虹口区人民政府，上海国际航运研究中心．2011—2012 中国邮轮发展报告[M]．上海：上海浦江教育出版社，2012．

[2] 湄虹．邮轮旅游全攻略[M]．重庆：重庆大学出版社，2009．

[3] Gibson P．邮轮经营管理[M]．陈扬乐，赵善梅，译．天津：南开大学出版社，2010．

[4] 古镇煌．邮轮客的天书[M]．北京：中国人民大学出版社，2010．

[5] 杨杰．邮轮运营实务[M]．北京：对外经济贸易大学出版社，2012．

[6] 王诺．邮轮经济[M]．北京：化学工业出版社，2008．

[7] 墨刻编辑部．邮轮之旅 航向全球最美丽的角落[M]．北京：人民邮电出版社，2010．